国家出版基金项目
NATIONAL PUBLICATION FOUNDATION

"十三五"国家重点出版物出版规划项目

知识产权经典译丛（第5辑）

国家知识产权局专利局复审和无效审理部◎组织编译

知识产权与商业：
无形资产的力量

［印］罗德尼·D. 莱德（Rodney D. Ryder）
［印］阿什文·马德范（Ashwin Madhavan）◎著

王　肃◎译

李尊然◎审校

知识产权出版社
全国百佳图书出版单位
——北京——

Copyright© Rodney D. Ryder and Ashwin Madhavan，2014

本书英文版由 SAGE 于 2014 年在美国、英国、印度出版，其中文简体版授权给知识产权出版社在中国（港、澳、台除外）出版和发行。

图书在版编目（CIP）数据

知识产权与商业：无形资产的力量/（印）罗德尼·D. 莱德（Rodney D. Ryder），（印）阿什文·马德范（Ashwin Madhavan）著；王肃译. —北京：知识产权出版社，2020. 1
书名原文：Intellectual Property and Business：The Power of Intangible Assets
ISBN 978 – 7 – 5130 – 6421 – 7

Ⅰ. ①知… Ⅱ. ①罗… ②阿… ③王… Ⅲ. ①知识产权保护—研究 Ⅳ. ①D913. 404

中国版本图书馆 CIP 数据核字（2019）第 182688 号

内容提要

本书对知识产权的不同方面进行阐述，全面解读了知识产权的创新方法并解释了各种类型的知识产权的特征；重点介绍了知识产权保护的途径和策略。深入研究印度和其他国家企业如何管理和保护它们的知识产权资产，为从事知识产权相关从业人员提供有价值的参考。

责任编辑：卢海鹰　王玉茂　　　　　　责任校对：王　岩
装帧设计：卢海鹰　王玉茂　　　　　　责任印制：刘译文

知识产权经典译丛
国家知识产权局专利局复审和无效审理部组织编译

知识产权与商业：无形资产的力量
［印］罗德尼·D. 莱德（Rodney D. Ryder）
　　　　　　　　　　　　　　　　　　著
［印］阿什文·马德范（Ashwin Madhavan）
王　肃译　　李尊然　审校

出版发行：**知识产权出版社** 有限责任公司　　　网　　址：http：//www. ipph. cn
社　　址：北京市海淀区气象路 50 号院　　　　　邮　　编：100081
责编电话：010 – 82000860 转 8541　　　　　　　责编邮箱：wangyumao@ cnipr. com
发行电话：010 – 82000860 转 8101/8102　　　　发行传真：010 – 82000893/82005070/82000270
印　　刷：三河市国英印务有限公司　　　　　　经　　销：各大网上书店、新华书店及相关专业书店
开　　本：720mm×1000mm　1/16　　　　　　印　　张：13. 5
版　　次：2020 年 1 月第 1 版　　　　　　　　　印　　次：2020 年 1 月第 1 次印刷
字　　数：255 千字　　　　　　　　　　　　　　定　　价：88. 00 元
ISBN 978 -7 -5130 -6421 -7
京权图字：01 -2019 -6532

《知识产权经典译丛》
编审委员会

总　序

当今世界，经济全球化不断深入，知识经济方兴未艾，创新已然成为引领经济发展和推动社会进步的重要力量，发挥着越来越关键的作用。知识产权作为激励创新的基本保障，发展的重要资源和竞争力的核心要素，受到各方越来越多的重视。

现代知识产权制度发端于西方，迄今已有几百年的历史。在这几百年的发展历程中，西方不仅构筑了坚实的理论基础，也积累了丰富的实践经验。与国外相比，知识产权制度在我国则起步较晚，直到改革开放以后才得以正式建立。尽管过去三十多年，我国知识产权事业取得了举世公认的巨大成就，已成为一个名副其实的知识产权大国。但必须清醒地看到，无论是在知识产权理论构建上，还是在实践探索上，我们与发达国家相比都存在不小的差距，需要我们为之继续付出不懈的努力和探索。

长期以来，党中央、国务院高度重视知识产权工作，特别是十八大以来，更是将知识产权工作提到了前所未有的高度，作出了一系列重大部署，确立了全新的发展目标。强调要让知识产权制度成为激励创新的基本保障，要深入实施知识产权战略，加强知识产权运用和保护，加快建设知识产权强国。结合近年来的实践和探索，我们也凝练提出了"中国特色、世界水平"的知识产权强国建设目标定位，明确了"点线面结合、局省市联动、国内外统筹"的知识产权强国建设总体思路，奋力开启了知识产权强国建设的新征程。当然，我们也深刻地认识到，建设知识产权强国对我们而言不是一件简单的事情，它既是一个理论创新，也是一个实践创新，需要秉持开放态度，积极借鉴国外成功经验和做法，实现自身更好更快的发展。

自 2011 年起，国家知识产权局专利复审委员会＊携手知识产权出版社，每年有计划地从国外遴选一批知识产权经典著作，组织翻译出版了《知识产权经典译丛》。这些译著中既有涉及知识产权工作者所关注和研究的法律和理论问题，也有各个国家知识产权方面的实践经验总结，包括知识产权案

＊ 编者说明：根据 2018 年 11 月国家知识产权局机构改革方案，专利复审委员会更名为专利局复审和无效审理部。

件的经典判例等，具有很高的参考价值。这项工作的开展，为我们学习借鉴各国知识产权的经验做法，了解知识产权的发展历程，提供了有力支撑，受到了业界的广泛好评。如今，我们进入了建设知识产权强国新的发展阶段，这一工作的现实意义更加凸显。衷心希望专利复审委员会和知识产权出版社强强合作，各展所长，继续把这项工作做下去，并争取做得越来越好，使知识产权经典著作的翻译更加全面、更加深入、更加系统，也更有针对性、时效性和可借鉴性，促进我国的知识产权理论研究与实践探索，为知识产权强国建设作出新的更大的贡献。

当然，在翻译介绍国外知识产权经典著作的同时，也希望能够将我们国家在知识产权领域的理论研究成果和实践探索经验及时翻译推介出去，促进双向交流，努力为世界知识产权制度的发展与进步作出我们的贡献，让世界知识产权领域有越来越多的中国声音，这也是我们建设知识产权强国一个题中应有之意。

申长雨

2015 年 11 月

作者简介

罗德尼·D. 莱德（Rodney D. Ryder）是一位在技术、知识产权和公司法律方面的杰出律师。他是Scriboard❶的创始合伙人，目前是印度政府通信和信息技术部2000年信息技术法的执行顾问。

莱德先生被《亚洲法律杂志》（*Asia Law*）、《法律名人录》（*Who's Who Legal*）、国际知名法律媒体《亚太法律500强》（*Asia Legal* 500）以及其他国际出版物提名为知识产权、技术、通信和媒体法等领域的杰出律师。为表彰他的工作，去年他被提名为印度45岁以下40佳律师250名提名人之一。

他的第二本书《知识产权与互联网》（*Intellectual Property and the Internet*）由LexisNexis出版，这可能是亚洲唯一一本此类著作。该书被印度最高法院视为权威著作，并在印度最高法院关于域名的第一个也是唯一一个判决中引用。他是印度国家互联网交易所（NiXI）的顾问，也是该机构的独立和中立仲裁员小组的成员。

他的著作如下：

● 《网络法指南：2000年信息技术法、电子商务、数据保护和互联网》（*LexisNexis Butterworths Wadhwa Nagpur*，印度）。

● 《知识产权与互联网》（*LexisNexis*，2002）。

● 《品牌、商标和广告》（*LexisNexis*，2004）。

● 《互联网法律与政策》（牛津大学出版社，2010）。

● 《公司和商业协议的起草：法律起草指南、形式和先例》（世界法律出版社，2005年出版，2007年再版）。

● 《互联网法律与政策导论：网络法律课程》（*LexisNexis Butterworths Wadhwa Nagpur*，印度，2007）。

阿什文·马德范（Ashwin Madhavan）是Enhelion Knowledge Ventures Pvt. Ltd. 的联合创始人和董事，负责战略联盟和团队运营。他同时也是Scri-

---

❶ Scriboard™是一家专注于信息技术和知识产权及相关服务的律师事务所，成立于2010年。

board 的律师和法律顾问，为客户提供知识产权、管理和信息技术方面的咨询。他在古吉拉特邦国立法律大学（Gujarat National Law University）完成了他的法律学业，并在加拿大达尔豪西大学（Dalhousie University）获得了技术法律和知识产权法的法学硕士学位。他是 Enhelion❷ 的创始成员。其专业领域是域名和网络抢注、商标、版权和信息技术法律。他是加拿大律师协会的前会员。他曾就印度技术和知识产权法的各个方面为世界 500 强公司提供咨询服务。他为各种期刊、国家刊物和国际出版物写过文章。他是古吉拉特邦国立法律大学（GNLU）《法律研究杂志》（*Journal of Legal Research*）的编委，同时也是《法律电讯》（*Law Wire*）的编委。

马德范先生喜欢阅读与历史、商业管理和外交政策相关的书籍。他周游世界各地，在尼赫鲁大学参加了有关印度外交政策问题的讨论，在印度的一些法学院和大学里举办了关于知识产权和管理的研讨会，在印度农业部为科学家组织的知识产权和植物品种法培训项目中担任讲师。他曾受邀在古吉拉特邦国立法学院举行的美国—印度商业委员会知识产权峰会上发言。在业余时间，他练习瑜伽、弹钢琴。本书是他的第一本著作。可通过 ashwin@ gmail. com 与马德范先生联系。

---

❷ Enhelion™是一个致力于通过最先进的学习软件和教学工具促进专业/实践法律教育的组织，成立于 2013 年。

译者序

2017 年 7 月，我赴美国波士顿学院（B. C）进行"美国法律理论与实务"的短期学习与交流。其间，波士顿学院法学院的 Judith A. McMorrow 向我推荐了几本书，其中包括《知识产权精要：法律、经济与战略》（*Essentials of Intellectual Property：Law，Economics and Strategy*）、《知识产权与商业：无形资产的力量》（*Intellectual Property and Business：The Power of Intangible Assets*），我读来感觉不错，心中便想，应该也与我的本科生和研究生分享一下。千里携来，假期便安排我的研究生阅读，并试着翻译整理。

我长期从事知识产权教学和研究，养成了自己购买知识产权书籍的习惯。在我的书架上，关于知识产权的中文书籍大致分为五类：知识产权法律、知识产权管理、知识产权信息、知识产权经济、知识产权哲学。仔细看来，我国知识产权学者的著作基本偏好知识产权法律的研究，而对于后四类的研究著作并不是太多。既有的关于知识产权经济、管理、信息等方面的书籍大多倾向于理论探讨，用语的书面化较强，与实践中的情形有一定的距离，且真实案例较少，与现实中企业、律师事务所、知识产权服务机构、行政部门等组织的需求不太衔接。我在主持"河南省知识产权发展报告"项目调研时，也不时听到这些声音，"不太对口味"。当然，在我进行"知识产权总论""知识产权战略专题""知识产权资产评估与管理"等课程教学时，我的本科生、研究生也深有感触，感叹拥有一本好懂又实用的知识产权教材，好像有点难度。我国知识产权战略实施 11 年以来，知识产权事业发展取得了令人瞩目的成绩，但"上热下凉""学热用凉""政热企凉"现象还在一些区域、领域不同程度存在，窃以为应该与此有关。

让我欣慰的是，美国学者亚力山大·I. 波尔托拉克和保罗·J. 勒纳的《知识产权精要：法律、经济与战略》，以及印度学者罗德尼·D. 莱德和阿什文·马德范的《知识产权与商业：无形资产的力量》这两本书似乎可以为弥补这种缺憾提供一些帮助。这两本书有着共同的特点：体系的实用逻辑，用语的通俗易懂，案例的真实丰富。一路读来，仿佛作者就坐在我们面前，和我们娓娓道来——什么是知识产权，知识产权和我们有什么联系，知识产权有什么作用，应该如何运用知识产权为我们赚取利润、增加核心竞争力，其中的问题和技巧在哪里……《知识产权精要：法律、经济与战略》还向我们展示了知识产权在美国乃至全球的未来发展方向。读完，您有种"原来如此，就该如此"的豁然开朗之感，有种"清风徐来，沁人心脾"的享受。而且，我想说的是，请您——亲爱的读者，把这两本书结合起来阅读，《知识产权精要：法律、经济与战略》和《知识产权与商业：无形资产的力量》相互印鉴，对您理解、把握、运用和保护知识产权更有用些。当然，您也可以选择其中一本，作为本科生、研究生，甚或企业、金融、中介机构、行政部门的培训教材。相信，您会有丰硕的收获。

在这两本书的翻译中，我的研究生张帅、袁磊、王草、于文辉、韩鹏、杨洋等对《知识产权与商业：无形资产的力量》进行了翻译，《知识产权精要：法律、经济与战略》的初步翻译中，研究生曹子傲和我的同事刘远东也参与其中。尤其是张帅、袁磊进行了全文通读整理、格式规范。感谢我的同事高金娣、李尊然、李国庆、张秋芳再次对《知识产权精要：法律、经济与战略》分章节精雕细琢，同事宋贝博士通读整理了这两本书的译稿。是他们的辛勤努力，使这两本译著得以成型，"才像个样子"。当然，文责自负，我应该承担这两本书的翻译责任。我还应该感谢知识产权出版社编辑卢海鹰女士，是她费心联络作者取得授权，又费心申报国家出版基金，使这两本译著能够有权翻译、付梓出版。同时还要感谢责任编辑王玉茂对书稿耐心细致的校对和编辑。我也感谢我的妻子孔文霞，是她的尽心照顾使我能集中精力做这些事。远方的儿子和女儿的懂事省心，也使我宽慰心安。哥哥宽宏的爱，让我感到心暖。心痛的是，繁忙的事务总使我找借口不去父母身边尽孝。这些人物和事情，都在我心里沉淀，凝成感恩的深沉记忆，也是我不断前行的不竭动力。

翻译是个苦乐相间的差事，既要尊重原著本意，又要"本土化"的自说自话，且我的"时间"总是被各种事务占用，"道行"自觉也不是很深，呈现在您面前的这本译著肯定存在许多瑕疵和不足，恳请作者和读者能够不吝赐教，以便日后再版时"日趋精美"。

王 肃

2019 年 1 月

前　言

编写本书的想法来自我们过去 5 年在知识产权方面的各种实践与互动。本书的创作目的是帮助人们理解和使用我们的知识产权制度，以此作为促进创造力和经济发展的力量。

本书的读者是与创新、创造力和新想法相关的管理者、商业领袖、律师和政策制定者。

我们觉得有必要写一本书来解释这种独特的无形资产的细微差别，而这恰恰正是许多人并不完全理解的。每当我们为专业人士举办有关保护其知识产权资产的培训计划和研讨会时，我们可以看到人们对"知识产权"一词的真正含义感到惊讶和无知。

考虑到这一点，我们开始对这个令人兴奋的法律与管理的交叉主题的各个方面进行思考。许多人认为知识产权只适用于律师和大公司的内部法律顾问。这些人不理解的事实是，拥有知识产权可以给任何公司带来或多或少的财务实力，如果使用得当则可以获得巨大的经济利益。离开法律，知识产权就没有任何意义，因为没有法律保护，无形资产的价值是微不足道的，但同样重要的是，如果没有适当的管理，知识产权就难以发挥其应有的价值。我们将通过本书的内容来展示为何知识产权资产管理同样重要。

当我们第一次考虑写这本书的时候，我们计划把目标放在执业律师和公司内部的法律顾问身上。在实践中，我们遇到了许多想要通过我们了解知识产权相关概念与法律经验的律师和公司内部的法律顾问。当我们写这本书的时候，我们意识到印度的商业组织和学生团体肯定会从这本书中受益。许多商业专业人士和专家阅读了这本书的早期初稿，就如何使它更吸引企业和非法律界给出了反馈意见。包括（a）知识产权获取的方法和策略以及（b）知识资产管理在内的几个章节，在与早期审稿人的对话中我们受到很多启发。

本书旨在面向所有想要了解知识产权及其各种细微差别的读者。因此本书的语言简洁、易于理解，但这也可能使有些读者感到失望。本书从介绍知识产权的重要性开始，并解释了各种形式的知识产权的特征。然后重点介绍知识产权保护的途径和策略。我们深入研究了企业应该如何管理和保护它们的知识产权资产。

随后的章节中通过一些案例研究介绍了关于知识产权管理、品牌管理、知识产权许可和特许经营的相关信息，以便企业更好地使用和保护其知识产权资产。

此外，我们还增加了有关知识产权评估和特许权使用费的章节，其中重点介绍知识产权的各种评估方式以及如何向各利益相关方支付特许权使用费。

在整本书中，我们结合相关的案例进行研究，采用了一些能够帮助我们更好地理解相关主题的技巧和方法。

希望本书对您有所帮助！

罗德尼·D. 莱德

阿什文·马德范

目　录

第一章
无形性——理解核心概念

知识产权对于任何商业组织而言都是最重要的资产。

阅读本章后，您将能够

❖ 了解知识产权的重要性

❖ 了解企业应该保护的知识产权类型

❖ 理解在知识产权保护方面应当考虑的一些因素

❖ 理解知识产权的显著特征：a. 传统形式的知识产权，例如专利、版权、商标；b. 非传统的、新形式的知识产权，例如保密信息、植物新品种、电路布图、商业秘密、外观设计和域名等

❖ 理解标记和告知的重要性

通常，知识产权被认为只是律师所从事的业务领域。但这是真的吗？仅有律师才需要了解知识产权吗？对于企业及其管理者来说，了解知识产权的细微差别难道没有必要吗？我们带着这些问题开始阅读这本书，为什么知识产权对企业很重要？通过本书的描述，著者将呈现公司如何来部署它们的知识产权，不仅是把知识产权作为一种法律工具，也将知识产权作为占据市场主导地位的和拥有强大金融资产的有力武器，并以此来进一步提升公司的业务。在商业可行性方面，著者认为知识产权对任何商业组织而言都是其最重要的资产。在任何一家企业，知识产权不应该仅由律师在企业架构内进行处理。知识产权是任何商业的核心，它可以通过创造优秀的产品和服务来推动企业达到新的高度。正如《知识产权战略》（*Intellectul Property Strategy*）一书的作者约翰·帕尔弗里（John Palfrey）所说："知识产权是组织机构在总体上所积累的知识和能

力。"❶ 以苹果（Apple）的 iPhone 和 RIM 的黑莓（Blackberry）为例，知识产权往往是新产品畅销的决定性因素。正是因为苹果和 RIM 的知识产权，这两款产品（iPhone 和黑莓）彻底改变了人们商业交流的方式。

阅读此书的大多数人也许没有意识到，就价值而言，知识产权是全球最大的资产类别，据估计，仅在美国就有至少 5.5 万亿美元。❷ 像微软、苹果和三星这样的公司，依靠庞大的知识产权资产，已经取得巨大的成功并赚取了数十亿美元。微软通过许可其在安卓技术方面拥有的专利权，赚取大量的收入。它已经将安卓技术许可给手机制造公司并收取许可费，从而获得数十亿美元的资金。❸ 知识产权在微软的市值中发挥着至关重要的作用，其市值 90% 来自知识产权。❹

今天，知识产权是高科技经济的驱动引擎之一。❺ 将知识产权视为重要战略性资产的公司肯定比那些不重视知识产权的公司更容易取得成功。

知识产权在我们的日常生活和商业活动中是无处不在的。如果仔细观察我们的生活、工作和商业环境，你会注意到知识产权是一种看不见的、无形的资产。

知识产权是什么？这些法律概念和商业概念是什么？这些权利是如何从你的大脑流向你面前的电脑屏幕从而去影响世界的？对个人、企业、国家而言，知识产权在形成、促进创新和经济增长过程中扮演什么角色？

我们必须学习知识产权的基本概念、发展动态和战略。

这一章将介绍知识产权的主要类型——包括法律基础知识的详细总结、各类知识产权是如何产生的，重要的是，知识产权权利人如何行使专有权。知识产权保护的意图是确保垄断或者近乎垄断的地位。为了实现这一目标，企业可以通过商标法、版权法、专利法等法律来保护其知识产权资产，也可以实施一个强有力的知识产权战略，这不仅包括国家各种法律的保护，还包括通过几种

---

❶ John Palfrey, *Intellectual Property Strategy*（Cambridge，MA：The MIT Press，2012），17.

❷ James E. Malackowski，"Intellectual Property：From Asset to Asset Class"，in *Intellectual Property Strategies for the 21st Century Corporation*，ed. Lanning G. Bryer et al.（Hoboken，NJ：John Wiley & Sons，2011），75.

❸ John Ribeiro，"Microsoft signs two new patent licensing deals covering Android，Chrome"，（July 10，2012）available at http：//www. infoworld. com/d/mobile-technology/microsoft-signs-two-new-patent-licensing-deals-coveringandroid-chrome-197353.

❹ Weston Anson and Donna Suchy，*Intellectual Property Valuation：A Primer for Identifying and Determining Value*（American Bar Association 2005），232.

❺ Karl Rackette，"Patent Revenue Generation Patent Strategic Defense"（Regional Training Program on Intellectual Property Management）available at http：//www. ecapproject. org/archive/fileadmin/ecapII/pdf/en/activities/regional/ripma_ 06/patent_ revenue_ generation. pdf.

商业战略来进行保护，我们将在接下来的章节中详细讨论这几种商业战略。

并不是只有律师才需要了解知识产权。一项特定的知识产权资产最好由专业的商业人士来处理，如果没有适当的经营和商业化，那么将不利于创造者从自己的创造中获益这一知识产权基本原则的实现。知识产权的保护必然涉及对企业的员工进行知识产权的基础培训以及未充分保护知识产权的风险警示。这可能是印度的企业未能充分落实或根本未落实的一个方面。在印度，企业的知识产权被看作是一份束之高阁并被遗忘的法律文件。这种态度必须改变，这是我们写这本书的主要原因。

这本书有双重目的：（a）对于企业需要保护的不同形式的知识产权有一个基本了解；（b）通过案例研究分析和理解知识产权管理和战略。在进一步深入了解之前，让我们看看知识产权革命在美国是如何开始的，世界上大多数成功的企业都是在美国开始了繁荣和创新的旅程。20 世纪 90 年代中叶，企业开始将知识产权视为自己具有价值的资产类别。

在 20 世纪 90 年代初，IBM 一直努力挣扎并持续亏损了将近 150 亿美元。仅 1992 年，它就亏损了将近 80 亿美元。为了降低损失并且取得收益，IBM 决定利用其庞大的专利布局。它是如何经营管理其专利资产的？它开始以向不同公司许可其知识产权资产的方式收取专利许可费（第七章中将详细介绍"知识产权许可"）。这种策略被证明是成功的，在不到十年的时间里，IBM 仅通过许可就赚取了 10 亿美元。这 10 亿美元只不过是自由的现金流动，直接帮助公司打好基础，并使公司从金融危机中复苏。这导致其他起初并没有十分重视知识产权的公司开始意识到知识产权管理应当作为成功企业的核心竞争力，比如施乐、戴尔、陶氏化学、微软和朗讯科技。过去十年以来，美国境内的企业已经意识到知识产权的重要性，尽其所能保护知识产权不受竞争对手的影响。在印度，情况就不同了，因为经营管理者并没有受过知识产权管理的培训，这不仅会给企业造成巨大的损失，而且那些能够产生巨大收益的可商业化资产也没有得到有效利用。如前所述，知识产权在印度被视为最适合留给企业法务的法律问题。

本书分为 10 章，每章涉及知识产权管理和战略的一个方面。每章都有印度和国外不同的企业如何管理知识产权资产的例子。本章阐述了知识产权的不同形式和知识产权保护的各种措施。本章分为两个部分，第一部分介绍传统的知识产权类型，即专利权、商标权和版权；第二部分介绍比较小众的知识产权类型，即植物新品种、保密信息、专有技术、电路布图、地理标志、注册外观设计和商业秘密。

企业应该保护哪些知识产权？

以下是企业在进行知识产权保护时应当考虑的一些因素：

（1）战略目标：根本的出发点必须是企业的战略目标以及知识产权在该战略中的地位。采取这个标准将使企业的核心人员能够关注企业中存在的特定的知识产权以及企业的未来方向，并鼓励他们把知识产权与其他商业资产平等看待。如果知识产权是获得巨大收益的基础，那么不论现在还是以后，知识产权的保护都是必须的，而且应该尽早完成，不需要进一步的争论。

（2）保护程度：企业在对知识产权保护时总要考虑的一个问题是其竞争者是否容易复制、反向工程破解或者找到一种解决方法，这不仅会损害企业的竞争优势，也可能为竞争者提供一个跳板使其领先并确立市场的主导地位。

（3）可获得的保护类型：在某些情况下，将技术进步作为秘密，不进行正式的保护，可能是一种明智的做法。提出一件专利申请等于向世界公开了企业的创造力和独创性。如果有可以在不泄露秘密的情况下进行技术开发，那么不进行专利申请与保护的战略将更有效、成本更低。

（4）保护的价值：这通常是由客户和客户的需求所决定。在这些情形下，企业可以从一些对市场敏感的人的观点中受益。这些人可能来自企业外部的市场推销人员、顾问或供应商。不论何时，将他人对市场的观点纳入企业判断是否寻求保护知识产权的决策中可能被证明是有效的。

何时应保护知识产权？

当涉及使用本企业资源的商业活动时，知识产权保护的时间将受整体战略目标和企业的优先事项影响。

无论如何，如果能尽早获取知识产权专业人士的建议，企业就能处在最好的战略地位上。对知识产权地位的判断和对于技术的优劣势的团队分析，将能够确定企业何时对知识产权采取保护。

知识产权商业化对企业来说至关重要。因此，如果知识权保护的基本原则和细微差别能够被有效地理解和应用，那么企业的知识产权管理将得以更好地进行。在当今时代，懂得知识产权保护对任何企业管理而言都是至关重要的。一个知道如何以及何时求助于知识产权专家的企业将一定有信心朝着富有成效的领域前进。

各种形式的知识产权都有其独特性和战略性。事实上，每种形式的知识产权都是一门学问。询问任何一位法律系知识产权专业的学生，他都会指向一个书架，里面堆满了研究这个领域的法律发展和法院的解释文本。全球化和印度为确保其企业不会在全球市场上落后而签署的国际条约的影响将更为复杂。

下面将介绍知识产权的所有重要形式以及它们的特点。知识产权最重要的3 种形式，即专利权、版权和商标权构成了传统的知识产权，在当今世界具有巨大的价值。在印度除了这 3 种形式之外，其他形式的知识产权或新形式的知识产权仅在过去十年才流行起来。下面我们先介绍传统的知识产权，然后介绍非传统的知识产权（见图 1.1）。

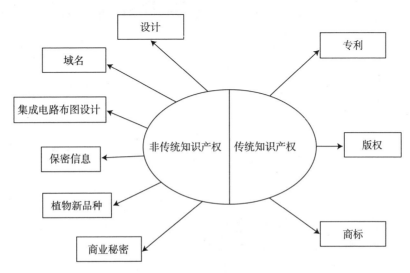

图 1.1　知识产权的类型

传统知识产权

发明专利

什么是专利？

专利是授予创造者的一项权利。正如印度各地的家庭在家中或在一家银行里有一个保险箱，以便安全存放贵重物品。同样，发明专利或专利也能被称为"公司的保险箱"。当今时代，专利被视为一个能使企业产生巨大收益的商业和法律工具。本书各章节研究了很多的案例，世界各地的公司都将专利运用于它们的商业战略中，并取得巨大的成功。

为鼓励科学技术领域的进步，各国政府通过专利法赋予发明新技术的发明人专有权利。在印度，这种保护期限为 20 年，这意味着如果一家公司在 20 年的保护期内发明了专利但没有将其商业化，则这项发明就变得一文不值。用比尔·盖茨的话来说，知识产权（专利）的保质期好比香蕉的保质期。❻ 这意味着如果发明在商业化的过程中拖延时间越长，越多的发明将会变得陈旧并且无法被企业利用，如同香蕉一样，如果不在一定时间内食用完，就会开始腐烂，对消费者毫无用处（见表 1.1）。

表 1.1 专　　利

可保护客体	实用的、新颖的、非显而易见的方法和产品（机器、机械装置、物质的制造和组成、化合物等）
政府注册	专利申请包括说明书和权利要求书，由发明者向每个国家的专利局（例如印度专利局）提出申请，由其审查并授予专利
权利范围	在法律授予专利权的范围内，排除他人制造、使用、销售、许诺销售或进口专利产品的行为
保护期限	自提交专利申请之日起 20 年
法律依据	国家法（印度专利法，1970 年），符合 TRIPS 第 5 节第 27～34 条

当且仅当该发明是新的、实用的且具有非显而易见性时，才会给予发明以专利的形式保护。新的意味着以前并未被发明出来。新颖性也通常与"现有技术"一并理解，现有技术是指一切被大众所知的技术。实用性就意味着这个发明在很大程度上对社会有用或有帮助。非显而易见性是指对本领域技术人员而言该发明并不明显，这是对可专利性最具挑战和概念上最复杂的要求。"本发明不能仅仅是现有技术要素的组合，例如对于本领域普通技术人员来说是显而易见的，他们正试图解决本发明所针对的问题。"❼ 最后一个要点，一项发明获得专利保护的必要条件是能够实施，这意味着必须提供关于这项发明的充分和详细的信息，以便任何受过培训的人在某种程度上能够运用或制造产品。一项专利不能仅仅基于一个想法而授权，它必须具有可操作性。❽

六人象棋游戏：案例研究

近日，印度专利局授予一名患有罕见基因疾病的 9 岁轮椅男孩一项专利，

❻　John K. Borchardt, "Keeping Secrets"（June 6, 2010）availablde at http：//www. labmanager. com/？articles. view/articleNo/4770/article/Keeping-Secrets.

❼　Alexander I. Poltorak and Paul J. Lerner, Essential of Intellectual Property（Hoboken, NJ：John Wiley & Sons, 2011）, 3.

❽　Anurag K. Agarwal, Business and Intellectual Property（Noida：Random House India, 2010）, 15.

因其发明了六人象棋。赫里达耶什瓦尔·辛格·巴提（Hridayeshwar Singh Bhati），一个患有杜氏肌营养不良症（一种渐进式的肌肉退化性疾病）的四年级学生发明了创新版的分别为二人、三人、四人、六人参与的圆形国际象棋，为此他申请了专利。专利授权使得他成为世界上获得发明专利最年轻的残疾人。❾ 授予这项专利的原因是一个六人象棋游戏的想法是新颖的，同时这对公众是有用的，因为多人可以同时下棋而不仅是两个人。这意味着印度的这项游戏将会更具趣味性，而印度已经产生了像维斯瓦纳坦·阿南德（Viswanathan Anand）这样的大师。对于擅长象棋的人来说，这并非是显而易见的，并且最终它也满足了可实施的标准，即发明人提供了发明如何操作和实施的细节。根据印度专利法，赫里达耶什瓦尔获得了为期 20 年的专利权。

提示和技巧

要获得专利，一项发明需具备下列要件：

1. 新颖性。
2. 实用性。
3. 非显而易见性。
4. 可实施性。

为什么获得专利？惠普公司（HP）的阐述

惠普公司称其获得专利的理由如下：❿

（1）保护公司的创意和创新不被抄袭或侵犯。

（2）通过与其他公司的专利许可协议获得设计自由。

（3）防止他人获得由公司在先完成的发明的专利权。

（4）为公司的研发投入提供最佳回报。

如果企业关心知识产权产生收益和确保竞争优势，这些理由是令人信服的。企业需要考虑以下内容：

（1）可能的替代保护形式，其涉及较低的复杂性、成本和资源。例如，软件可以受到版权的充分保护，特别是考虑该技术的高开发率，这可能使获得

---

❾ "Disabled boy gets patent for 6 players' chess", The Indian Express, March 29, 2012, available at http://www.indianexpress.com/news/disabled-boy-gets-patent-for-6-players-chess/930118.

❿ See S. P. Fox, "How to Get the Patents Others Want," Les Nouvelles (March, 1999), 4.

专利所需的成本和时间不足。

（2）专利无法克服的进入目标市场可能存在的其他障碍。在一个高度管制的市场中，这一点尤其重要，因为立法或高额成本阻碍了该企业获得竞争优势，无论它有多少专利或其他形式的知识产权。

（3）还有一种可能，就是通过专利程序披露想法或发明的付出，可能超过该企业通过垄断地位所得，特别是如果技术发展的领先时间很短。

（4）事实上，专利需要花费大量的时间和金钱，特别是如果印度的企业专注于在国外市场推动业务，知识产权保护将是其战略的重要组成部分。

（5）获得专利仅仅是管理的一部分。有效的知识产权管理意味着企业还需要投入时间、金钱和资源来发现和管理专利的侵权行为。如果企业不愿意或不能够致力于这方面的知识产权管理，那么申请专利保护的效果可能非常差。

专利保护的实际要素

专利申请文件既是法律文件又是技术文件，犯错可能是灾难性的，采用正确的策略非常宝贵。因此，获得专业的知识产权律师的建议是明智的。以下原则将有助于企业与其知识产权顾问共同制定专利策略。

临时申请和临时说明书

提交临时申请可能是最常见的专利申请形式。由于临时申请将于 12 个月后失效，届时公众即可查阅。申请人必须在 12 个月内完成与临时申请有关的完整申请。如果这样做，临时申请将不会被公开。临时申请只描述发明，未列明申请人所要求的"权利要求"。

临时申请将允许申请人获取更多有关专利申请的潜在障碍的细节，包括进行检索的时间。这不仅可以强化最终授权的专利，而且从长远来看，也被证明更具有成本效益。最大的困难是确保在临时申请中有充分描述来满足审查，确保完整的说明书与临时申请相关联。最终，必须"完全基于"完整的说明书，"完全基于"的含义是司法衡量的问题，它超出本书对这个话题研究的范围。

重要程序

专利保护涉及一些重要的正式程序。

（1）必须支付年度续费（也称为专利年费）。如果逾期不支付，将会失去专利保护。

（2）专利申请必须附有摘要，它概括了技术领域、技术问题、技术方案的实质内容以及技术方案的主要用途。

（3）企业的专利代理将作为企业工作的一部分，确保满足这些要求。

检　　索

在提交申请之前对现有技术进行检索是必不可少的。检索的费用比较昂贵，因此申请人应该为这些检索提供10%的预算和归档费用。[11]

何时申请——进行商业和法律评估

本节关于专利问题的描述仅仅是与保护发明有关的法律的概述。企业如何在法律和商业细节中为员工提供一个简单的标准以确定他们的工作成果是否可以成为专利的客体呢？

惠普公司开发了一套有用的标准。员工应该自问下列问题，如果他们对任何问题的回答是"是"，那么对潜在的专利申请可能值得进一步审查。

以下问题需要关注：

（1）发明人（这里的发明人意指个人或企业）是否对"想法"保密？[12]

答：在保密协议下向他人披露某个想法，基本上不妨碍申请专利，这意味着该特定想法是可申请专利的。如果发明人以书面或口头形式描述了"想法"，或者在展览会上展示过，那么专利保护就不能涵盖展览中所披露的内容。

（2）"这个想法"是一种新产品（一个有形的对象）、一种新材料（例如一种新塑料）、一种新的制作方法（例如一种更便宜的方式）？

答：如果"这个想法"是一种新产品，那么它可能是可以申请专利的。如果这个想法是一个商业计划，或者是一种美学创造，或者是一种展示信息的方式，那么它是不可专利的。如果这个想法是一个计算机程序，它是不可专利的。为寻求计算机程序的保护，企业应根据1957年版权法寻求保护。计算机软件也可以通过保密协议进行保护。

（3）"这个想法"是已经授权专利的产品、材料或方法的变化吗？

答：如果"这个想法"是已经授权专利的产品、材料或方法的变化，那么可以因为变化而授予专利权，这被称为增补专利，[13] 除非这种变化只是早期专利产品、方法或材料的重复或重新排列。[14]

（4）"这个想法"有书面描述吗？

答：申请专利时，需要对准备申请的专利进行书面描述。不需要使用工作模型，但建议申请文件应包含更多的技术信息以及草图或附图，以使申请文件

---

[11] J. L. Brandt, "Capturing Innovation—Turning Intellectual Assets into Business Assets", in *Ideas to Assets*, ed. Bruce Berman（New York：John Wiley & Sons, 2001），75.

[12] An idea for the purposes of this chapter would mean an invention that is new and original.

[13] Section 54, Patents Act 1970.

[14] Section 3（f）, Patents Act 1970.

更易于解释和理解。

（5）谁产生"这个想法"？

答：如果雇员拥有一项发明，其权利通常属于雇主。这一原则源自两个具有里程碑意义的英国诉讼案件。⓯ 同样需要注意的是，即使是由公司申请专利，发明者始终享有署名权。

专利的类型

专利的形式多种多样，有时会让人感到困惑：很难知道哪些专利应该申请，哪些不应该申请。从广义上讲，印度有两种类型的专利，如图 1.2 所示。

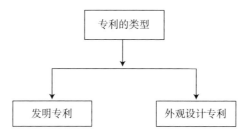

图1.2　专利类型

什么是发明专利？

这是最重要的专利形式，而企业和个人在处理一项发明的功能性方面的问题时，应该按照发明专利来保护他们的发明创造。"发明专利可以包括设备或物品、物质的组成、方法或工艺，也可以包括不常见的对现有设备、材料或产品的新用途。"⓰ 这种类型的专利需要做大量的文字工作，并且起草权利要求需要很多技巧。该发明的功能部分受发明专利保护。发明专利可以是临时的专利，也可以是完整的专利。

什么是外观设计专利？

该保护适用于该发明的设计和外观装饰。如果设计有一个附加功能，则这部分不予保护。例如，美国洛克希德·马丁公司制造的战斗机的设计在印度无法得到外观设计保护，因为飞机的设计和外观对于战斗机的正常运作至关重要。

⓯ *Worthington Pumping Engine Co. v. Moore*（1903）20 *RPC* 41；*Triplex Safety Glass Co. Ltd. v. Scorah*，（1938）Ch. 211.

⓰ Alexander I. Poltorak and Paul J. Lerner, *Essential of Intellectual Property*（Hoboken, NJ：John Wiley & Sons, 2011），2.

谁是专利的所有人？

识别发明人是发明商业化的基本步骤和重要步骤。识别发明人的过程通常涉及企业在知识产权顾问的协助下，尽可能多地获得有关项目中参与创新的各方贡献的信息。

有关所有权的规定还有一系列其他因素。专利的共同所有人可以不经任何相反的协议，以"共有人"的身份拥有专利，并平等地分享开发收益。印度专利法第 50 条所规定的共同所有权使知识产权在印度法律下的商业化增加了复杂性，共同所有者可以自己行使专利权，而无需其他共同所有者的同意，比如出售或制造专利产品。然而，如果没有其他共同所有人的同意，任何一个共同所有者不能将垄断权利授予第三方，例如通过转让或许可。

商业化的影响是显而易见的。"有想法"的共同所有者可以在企业的商业化战略上使用有效的游击战术，即使他对发明和商业化的投入可能是最小的，但也可以拥有较强的议价能力。在这种情况下，最好的方法是获得全部的所有权。如果不可能的话，最好的办法是当"有想法"的共同所有者的议价能力处于最低水平的时候尽早从共同所有者那里获得尽可能多的权利。当项目越接近成功商业化时，"有想法"的共同所有者就能行使更大程度的权利。

专利的保护期

专利的保护期取决于专利的类型。此外，最近修订的 1970 年专利法也使其复杂化，根据专利授权时间或申请时间，该法案将发明专利的保护期限从 15 年延长到 20 年。实质上，如果一项发明专利的申请在今天被授权，则该发明将在专利法第 53 条所规定的申请提交之日起 20 年内受到保护。

所有人的垄断权利

鉴于获得专利所涉及的所有付出和复杂性，可以合理地认为专利法将为专利所有人提供一系列的权利。事实上，这份声明很简短。专利所有人在专利权的期限内，有权实施该发明并授权他人实施该发明。奇妙之处在于"实施"这个词有广泛的含义。它涵盖了使用、销售、许可、进口以及从事上述行为所用的方法。

向专利局公开：公开一切

获得专利最重要的方面是向专利局公开该发明。向专利局公开与发明有关的所有信息是为了获得国家授予的垄断权利。专利公开必须公开该发明的最佳实施例，这意味着本领域技术人员必须能够通过有限次试验来实施这项专利发明。另一个重要的方面是专利权人（专利申请人）应该在提交申请时公开实施这项发明的最佳方式。因此，将所有的事实向起草专利申请的专利代理人公开是非常必要的。任何信息都不应该隐瞒或有所保留，如果专利陷入法律纠纷，任何未提供的信息或隐瞒信息的行为都会使得专利权人适得其反。专利权人也不应冒不公开现有技术的风险，因为它会在以后困扰专利权人。不公开现有技术将导致专利申请被驳回。

专利审查员审查专利申请时可能不会怀疑申请文件中的所有内容，甚至可能没有注意到一个错误的细节，这样的细节将会导致专利无法实施。但是在专利纠纷中，对方律师不会错过任何东西，并将怀疑其中的一切，很可能拥有包括发现程序在内的所有资源。因此，如果专利权人认为不公开专利的某些方面，就能取得胜利，那么他就错了，因为没有公开一切的胜利都只是暂时的。[17]

专利申请：一个基本的商业决策

向专利局公开专利是任何企业作出的一项基本的商业决策。如果公开了专利，那么它的竞争对手就会知道这项发明，他们最终会尝试围绕这个发明寻求类似的专利保护。如果企业没有公开这个发明，对于竞争者来说，企业将会承担丧失首次发明优势的风险，而竞争对手可能发明同样的东西并首先申请专利保护。因此，该企业处于进退两难的境地，该怎么办？[18] 如果一家企业或个人发明了一些在商业上可以带来巨大利益的东西，那么在这种情况下，专利保护是必须并且应该做的。

一般专利程序：所需文件清单

初步申请过程中所需的文件如图1.3所示。

（1）参照表格1形式的申请书，一式两份，应修改以适应申请。

（2）描述发明性质的临时说明书（表格2）或完整的说明书，一式两份，描述发明的必要和完整的细节。

（3）若有必要，说明书中应有附图。

（4）如果申请人打算在印度以外地区提交相应的申请，则在适当的情形下，在表格3中作出承诺或陈述。

（5）该发明摘要大约有150个单词，一式两份。在提交临时申请时不是必需的。

---

[17] Alexander I. Poltorak and Paul J. Lerner, *Essential of Intellectual Property* (Hoboken, NJ: John Wiley & Sons, 2011), 2.

[18] Roger E. Schechter and John R. Thomas, *Intellectual Property: The Law of Copyrights, Patents and Trademarks* (U. S. : Thomson/West, 2003), 528 - 529.

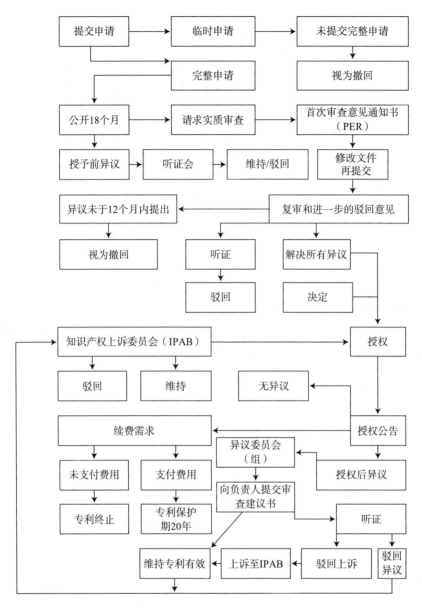

图 1.3 专利申请程序

专利技术的类型

有一些类型的技术会产生与专利保护相关的问题。下面汇总了一些特别重要的此类问题。

生物技术

基于基因的发明和发现产生了一个问题，即所谓的创新仅仅是一个发现还是一个发明。分离物质的方法是可以申请专利的，对物质结构的表征和对物质的使用也可以申请专利。然而，仅仅发现自然界中自然发生的事情是不可申请专利的。同样，生物体本身也不可申请专利。

如果人为技术的干预导致了一种不是发生在自然界的人为状态，那么生物实体是可申请专利的。天然微生物的分离和培养具有一定的新用途，满足了技术干预的要求。

生产动物或植物的生物方法，而不是微生物方法，也不符合印度专利法第18（3）条规定的创新专利。关于带来某种食物成分（可专利）开发的微生物与植物生产的用途之间是否存在真正的差异已经有了一些讨论。知识产权咨询委员会正在研究从创新专利制度中排除动物和植物（包括动物和植物产生的生物学方法）的影响。

动物和植物品种被排除在专利法外，但是被植物新品种权利法所保护；然而微生物方法和这些方法的产物可以作为创新专利申请。专利法要求涉及微生物的专利申请人将微生物存放至规定的保藏机构。

现在如果有人想知道治疗人体的方法是否可以申请专利？答案是肯定的，他们可以申请专利但有限制。

百康：建立坚实的知识产权基础

位于印度班加罗尔的百康是一家领先的生物技术公司，它已经经受了生物技术专利化的挑战。多年来，它一直致力于开发知识产权，在市场中发挥了一个价值差异化的作用。百康的专利布局包括在全球的 1210 项专利申请，其中超过 291 项已被授权，涵盖了诸如发酵、蛋白质纯化、药物传递系统和生物治疗分子等技术领域。20 世纪 90 年代，百康发明了一种新的发酵技术，以取代基于托盘的微生物培养基。酶的发酵是生物技术的基本核心，是适于人类用药生物制品改进和开发的必需方法，使其适合人类使用。

该公司开发了 PlaFractor，即一种成本效益好的生物反应器，能够在全封闭系统和计算机的精确控制下进行不同阶段的微生物培养和分离。

PlaFractor 的特点之一是它使发酵可重复、可预测、更可靠。相比于旧的固体基质发酵技术，它需要较少设备和空间，更节约能源，而不是劳动密集型的工程。这些特点都可以转化为符合国际标准的具有成本效益的产品，并能产生与更为传统和昂贵技术相同的质量效果。作为一个技术桥梁，PlaFractor 的创新让百康从工业酶进入生物制药。与此同时，百康也能够在其他领域开始研发，例如免疫抑制剂（用于减少器官移植的排斥风险），这对利用传统的微生物托盘培养来说是特别困难的。1999 年，百康因 PlaFractor 创新向《专利合作条约》（PCT）体系提出了第一个国际申请，并在 2005 年由欧洲专利局（EPO）授予保护。[19]

商业方法

加州大学伯克利分校经济学系的布朗温·H. 霍尔（Bronwyn H. Hall）写道："商业方法专利没有明确的定义，在阅读文献时，很明显许多学者对于商业方法专利、互联网专利和软件专利很少作区分，至少在提出政策建议的时候是这样的。"[20]

经营业务的方法通常被认为是不能申请专利的，因为它们缺乏新颖性或实用性。然而，由于美国在 20 世纪 90 年代末授予了商业流程的专利，http：//amazon. com 便是其中之一，这些专利的重要性在日益提升。现在，美国法院已经驳回了 http：//amazon. com 一键检测系统获得的商业方法专利。[21]

在美国，法院已经有承认商业方法专利的案例。例如，在道富银行信托公司诉签记金融集团公司案（*State Street Bank and Trust v. Signature Financial Corporation*）中，[22] 争议中的签名专利是一种"纯粹"的数字处理申请，它实现了财务会计功能。道富银行已在"hub and spoke"软件项目上提交了一项专利申请，以管理共同基金的投资结构。该软件通过将其投资集中组合为合作伙伴关系的单一投资组（hub）[23] 中，为共同基金（spokes）的管理提供了便利。该软件可确定投资资产的变化，并在管理基金中予以分配。美国联邦巡回法院的判决明确指出，美国专利法第 101 条明确说明"任何"一词是指全部。因此，数学算法只有在"无实体"的情况下才具有非法定的意义，因而缺乏有效的应用。法院继续确认该判决是与商业方法不授予专利相关的在先判例。

---

[19] "Building on a Foundation of IP", available at http：//www. wipo. int/ipadvantage/en/details. jsp？id＝2602.

[20] Bronwyn H. Hall, *Business Method Patents*, *Innovation*, *and Policy*, （May, 2003）available at http：//www. law. berkeley. edu/institutes/bclt/ipsc/papers/attendees/IPSC_ 2003_ Hall2. pdf.

[21] Eric Krangel, "U. S. Court Strikes Down 'Business Method' Patents（Like Amazon's 1-Click）For Now", （October 30, 2008）, available at http：//www. businessinsider. com/2008/10/us-courtstrikes-down-business-method-patents-like-amazon-s-1-click-for-now-amzn-.

[22] 149 F. 3d 1368.

[23] Sirkka L. Jarvenpaa and Emerson H. Tiller, *Protecting Internet Business Methods*：*amazon. com and the 1-click checkout*（Center for Business Technology and Law University of Texas at Austin）available at http：//btl. mccombs. utexas. edu/IBM％20Course％20modules/bizmethpatents1. pdf.

"我们抓住这个机会，把这个构思有问题的例外放到一边。"❷❹

美国的另一个案例是美国电话电报公司诉 Excel 通信公司案（*AT&T Corp. v. Excel*）❷❺，该公司的专利申请中包含了一项方法要求，即在美国的计费系统中，将数据字段添加到一个记录中。美国联邦巡回法院确认了道富银行案的裁决，称一种方法权利要求要符合成文法规定不需要进行物理转换，如果"体现"在一项发明中，数学算法是可以申请专利的。也就是说，该决定不仅适用于机器，也适用于方法。专利持有人在这两种情况下的成功显然鼓舞了其他基于互联网经营方式的专利权人。

最近在 2010 年，美国联邦最高法院判决了一个非常著名的案件，其成为知识产权领域的头条新闻。在 Bilski 诉 Kaposs 案中❷❻，伯纳德·L. 比尔斯基（Bernard L. Bilski）先生和兰德·A. 华沙（Rand A. Warsaw）先生已经提交了一项关于保护买卖双方商品交易价格波动风险的方法专利申请。其中关键的权利要求是 1 和 4。权利要求 1 罗列了一系列关于如何应对风险的措施，权利要求 4 给出了相同的数学公式。

Bilski 的申请被专利局和上级法院驳回，也就是说，联邦法院予以确认。联邦最高法院面临的问题是，无形的商业方法是否具备可专利性？

法院驳斥了机器或转换标准是方法专利适格唯一标准的论点。关于 Bilski 的专利，法院赞同他试图为一个抽象的想法申请专利的行为，并认为抽象的想法是不能获得专利的。但是，法院驳回了将商业方法专利完全排除在"过程"一词的定义之外。法院认为，根据美国专利法第 100（b）条的规定，"方法"一词可以解释为包括某些形式的商业方法专利。

Bilski 案是一个平衡的判决，排除了抽象概念的专利，但宽泛地解释"过程"这个术语已经为商业方法的专利申请留下了余地。

就印度而言，最终的问题是，是否满足印度专利法第 18（1）条（预知情况下的控制权）所规定的标准。印度法院已经考虑到未来在印度立法中商业方法可能获得专利。在 We/come Real – Time SA 诉 Catuity Inc［*We/come Real – Time SA v. Catuity Inc*（2001）51 *IPR* 237］案中，涉及交易者忠诚计划的智能卡操作流程和设备被认为是可获得专利的，法院适用了国家研究发展公司诉专利专员案［*National Research Development Corp. v. Commissioner of Patents*（2001）51 *IPR* 237］中所表达的一个标准，即："是否存在实现在经济领域中人为创

---

❷❹　149 F. 3d 1368.

❷❺　*AT & T Corp. v. Excel Communications*，*Inc.*，172 F. 3d 135.

❷❻　*Bilski v. Kappos*，561 U. S.（2010）.

造的效用事态的最终效果的模式或方式？"

还有待观察的是，印度法院在多大程度上允许在专利制度下保护商业方法。印度的法律与印度主要贸易伙伴的法院所适用的专利法之间已经存在不一致之处。

版　权

什么是版权？

版权是国家对作者和创作者"原创作品"的一种保护形式，如文学、戏剧、音乐、艺术以及其他形式的、包括出版和未出版的作品；以及包括录音、电影和广播在内的非"作品"。1957 年的印度版权法就印度版权制度作出了解释。在各种形式的知识产权中，"版权"被认为是最容易获得的，因为版权的正式登记程序是可选择的。鉴于版权的广泛性，本书不涉及录音、电影或广播中的版权商业化。从商业和法律角度来看，这些领域都有自己的规则，其他作者已经解决了这些问题（见表 1.2 关于版权的概述）。

表 1.2　版　权

可保护的客体	作者的作品，包括手稿、书籍、论文、照片、音乐、艺术、电影、录音、软件等，可简述为有形的表达媒介
政府登记	一旦作品固定在有形的表达媒介中，则不是强制性的； 司法执行通常需要版权声明，在许多司法管辖区，在版权局注册
权利范围	防止他人复制或发行副本，制备衍生产品，公开演出或展示作品，传送录音
保护期限	TRIPS 规定持续时间至少为出版后 50 年； 在印度，对于新作品，作者的有生之年加死后 60 年，或出版作品发布之日起60 年
法律依据	国家法律（印度 1957 年版权法），符合 TRIPS 第 Ⅱ 部分第 7 节第 9 - 14 条和《伯尔尼公约》

根据版权法，只有思想的表达可以得到保护，而不是思想本身。[27] 版权法没有对思想表达的最终成果给予垄断权利，也就是说，企业或个人可以独立于任何其他企业或个人单独撰写一本书，也可以创作同样的软件。如果出现这种

---

[27]　"There can be no copyright on an idea" *R. G. Anand v. M/s. Delux Films & Ors.* ，AIR 1978SC 613；(1978) 4 SCC 118；*William Hill（Football）v. Ladbroke（Football）*，［1980］RPC 539（CALord Denning MR）.

情况，同样的作品可能存在，并有两个独立的版权所有者。

版权制度的主要受益者之一是包括印度在内的全球娱乐业。布莱恩·亚当斯（Bryan Adams）、迈克尔·杰克逊（Michael Jackson）和麦克·哈默（MC Hammer）等音乐家通过创作受版权法保护的歌曲，赚取了数百万美元。创作《哈利·波特》系列的作家 J. K. 罗琳（J. K. Rowling）也因为版权法而受益匪浅，因为版权法赋予了她巨大的利益和保护。我们将在第 2 章（知识产权获取的方法和策略）中看到 J. K. 罗琳如何利用衍生策略来获取版权的优势，从而成为世界上最富有的作家。

提示和技巧

确定版权存在与否的关键因素将会根据以下内容有所不同：

1. 什么是创作者的居住地？
2. 这项作品是否已经出版？
3. 这种出版物在何处出版？
4. 作品是什么时间创作的？

在进行任何审查之前，决定版权是否存在的关键点是该作品是否是原创的。这意味着在创作中必须有足够的技能、劳动、判断力和专长。因此，这是一个事实问题，而不是一个新颖性问题。

谁拥有版权？

版权的基本前提是作者是版权的所有者。这个人必须是实际创作作品，是原创性的来源。只作为抄写员的人不会被认为是作者。一个在别人的指挥下使用电脑产生作品的人，其行为是盲目的，不会成为作者。

通常，这一基本前提的适用也有例外，比如职务作品。如果作者是一名雇员，而作品是按照雇佣条款创作的，那么雇主将拥有版权。

共同拥有版权是可能的，在这种情况下，共同所有者将平等地共享版权。这取决于共同所有人之间的协议。共同所有人可以在其他共同所有人未参加的情况下开始侵权行为，但是每个共同所有人必须向另一方以侵权行为而获得的所有利益来承担责任。

版权登记

版权法中的一般规则是，当作品被创作出来时，版权就存在于作品中。它不是强制登记的。但对于软件和娱乐公司而言，它们有必要登记版权，因为如果这些公司参与诉讼，而争议通常是谁拥有作品的版权以及作品的产生时间，那么登记对于它们是有用的。

版权登记的程序如下：一旦作品完成，公司和个人都可以在版权局申请登记。他们必须向对这项作品感兴趣的人发出公告，公告这个作品已经受到保护。如果在收到版权申请的 30 天内，版权登记人没有收到异议，登记员将在版权登记簿上输入此类申请，并承认其版权（见图 1.4）。

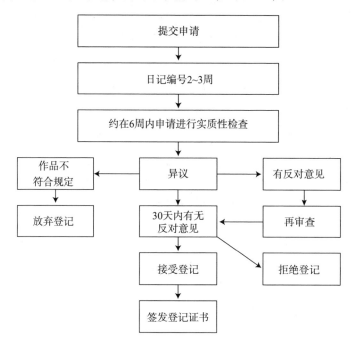

图 1.4　版权的登记程序

版权保护期

一般情况下，版权所有者享有作者终身加死后 60 年的专有权利。根据版权法第 22 条规定也有例外，即他们的作品是否已经出版（出版后 60 年）。1957 年版权法第 21 条和第 29 条规定了有关保护不同类型版权的具体规则。❷❸

独占权

版权所有人享有在文学、戏剧或音乐作品上的下列权利：

（1）以物质形式再现作品。

（2）出版作品。

---

❷❸ Sections 21 – 29，Copyright Act of 1957.

（3）在公开场合表演。

（4）将作品传播给公众。

（5）对作品进行改编。

在艺术作品上，版权所有者享有下列独占权：

（1）以物质形式再现作品。

（2）出版作品。

（3）将作品传播给公众。

传播作品的权利被设计出来的目的是在互联网时代行使排他权。

著作人身权

最近修订的印度版权法使作者能够在任何文学、戏剧、音乐或艺术作品以及电影作品中行使其"人身权利"。这些人身权利属于作者个人。尽管作者可以选择同意另一个人侵犯其人身权利，但权利也不能被转移到另一个人。

版权法赋予了权利人三项基本的人身权利：

（1）作为作品的作者归属的权利（身份权）。

（2）修改权。

（3）保护作品完整权。

在本质上，人身权利制度的目的是给作者个人"非商业性"的利益。许多作者在意识到自己的人身权利之后，可能会选择一种不扰乱商业环境的方式来行使这些权利。如果企业无视版权法赋予作者个人行使这些人身权利的权利，那将是愚蠢的。

软件：它能受到版权法的保护吗？

计算机程序在版权法中有明确的规定，是"文学作品"。计算机程序被定义为"在计算机中直接或间接使用的一组语句或指令，以实现一定的效果"。

一般来说，与计算机程序有关的版权是在源代码中表达的。源代码是用计算机程序使用的几种编程语言中的任何一种编写的计算机程序。印度法院尚未决定计算机软件应用程序的结果的"外观和感觉"是否受版权保护。

合理使用

对于受版权保护的作品，并不是所有的未经授权使用都属于侵权。一些未经版权所有人同意而使用版权作品的行为是被允许的，即所谓的"合理使用"。版权法第52条规定了判断受版权保护的作品特定使用是否构成合理使用

应考虑的因素。㉙

商 标

商标是知识产权的主要形式，指用来区别经营者的商品或服务的标记。在许多方面，商标比实际提供的服务或产品更有价值。可口可乐、微软和 IBM 的商标价值分别为 650 亿美元、590 亿美元和 570 亿美元。可口可乐的品牌价值接近公司市值的一半。用可口可乐前首席执行官 Roberto Goisuetta 的话来说，"如果可口可乐的所有实物资产都消失了，它们仍然可以去银行获得超过 600 亿美元的借款，因为它们拥有可口可乐的商标。"㉚ 关于对商标的概述如表 1.3 所示。

表1.3 商 标

客体	❖ 文字、名称、字母、数字、图形元素、颜色或颜色组合、符号或用于区分商品或服务的其他标记 ❖ 商标包括服务商标、证明商标和集体商标
政府注册	❖ 商品或服务的商标申请是在国家商标局（例如印度的商标注册处）提出的 ❖ 在印度，无需注册即可根据商标的使用来请求共同的法律权利
权利范围	❖ 排除他人使用商标导致消费者混淆的可能性（假冒或者侵权取决于商标是否注册） ❖ 对于著名商标，防止他人淡化商标
保护期限	一般来说，有效期限为自核准注册之日起 10 年。续展次数无限制，每次续展注册的有效期限也是 10 年。只要不放弃就可以连续续展
法律依据	国内法（1999 年印度商标法）与 TRIPS 第 II 部分第 15～21 条一致

根据 1999 年商标法，如果企业在商标相关领域建立了一定的声誉，即使

㉙ "（a）A fair dealing with a literary, dramatic, musical or artistic work［not being a computer program］for the purposes of—

（i）private use, including research；

（ii）criticism or review, whether of that work or of any other work；"

（iii）"the making of copies or adaptation of a computer program by the lawful possessor of a copy of such computer program,

from such copy—

（i）in order to utilize the computer program for the purposes for which it was supplied; or

（ii）to make back-up copies purely as a temporary protection against loss, destruction or damage in order only to utilize the computer program for the purpose for which it was supplied."

㉚ Scott W. Cooper and Fritz P. Grutzner, *Tips and Traps for Marketing Your Business*（U. S.：McGraw-Hill Professional, 2008）, 38.

没有正式注册也会受到保护，企业还可以依据 2000 年刚刚通过的竞争法来保护商标。注册商标的最大好处是，当寻求执行其权利时，企业不需要提供有关声誉方面的证据，它可以依靠注册证书，这在保护其地位的成本和时间方面意义重大。

商标制度侧重于指示商品或服务的来源。商标可以是任何一种描述的"符号"，目前包括形状、颜色、声音和包装形式（商业外观）。

选择商标

在选择商标时应考虑的最重要因素是商标的指示功能，即识别来源。商标的功能不在于描述受保护的商品。

域名是为了识别域名网站而注册的，并且其注册不会产生在未经商标所有者授权的情况下针对使用该商标的第三方的任何权利。

为了保护商标，建议使用创造性的文字，而不是通用的文字。图 1.5 将有助于您了解商标获得保护并在市场中不会被滥用的可能性。一般来说，名称或商标的选择可以帮助企业实现其商业化目标。区别性总是最关键的。使用与名称相关的商标也有助于区分商标指示的商品或服务。

商标：必须是有特色的

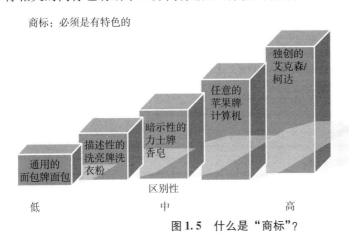

图 1.5 什么是"商标"？

保护标准

除非存在 1999 年商标法规定的驳回申请理由，商标审查员必须接受注册。驳回申请的理由如下：

（1）商标不能用图形来表示。

（2）商标无法区分申请人的商品或服务。这是最常见的驳回形式。本质上，审查员必须确定商标是否与众不同。尽管如此，如果企业向审查员提供了足够的证据来证明该商标事实上与指示的商品或服务不同，就有可能克服这个反对意见。

（3）商标是诽谤性的，或者它的使用是违反法律的。这一点已在 1999 年商标法第 9 条中明确规定。

（4）如果它可能是欺骗的或引起混乱。在审查时，审查员必须将该商标与任何现有的注册商标进行比较，以及通过互联网等搜索可能产生的信息。

（5）在同类或相关的服务中，该商标是否与先前注册的商标相同？如果提出了反对意见，但企业能够如实地展示它在其他商标的优先权日期之前一直在使用该标记，那么它仍然有可能被接受。

案例研究：苹果的 iPod

苹果的 iPod 音乐播放器是苹果公司生产的最畅销产品之一，苹果公司总部位于加利福尼亚州库比蒂诺。该产品完全由苹果设计和销售，产品于 2001 年推出，此后便占据了音乐播放器高端市场的领先地位。该产品与 Creative Zen、微软 Zune HD、飞利浦 go‑gear、索尼 Walkman 和三星 Galaxy 等音乐播放器相竞争。

但是它与其他音乐播放器的区别是什么呢？2001 年 10 月，苹果在美国专利商标局（USPTO）对其独特的产品名称 iPod 申请了传统商标。在第一阶段，苹果寻求一个二维的 iPod 符号商标，然后寻求联合品牌产品的标记，最后为其播放器寻求一个三维形状的商标。该产品在推出后立即被视为开创性创新，是一个和谐设计的典范。此后，苹果放弃了它们的实用功能成分，并于其产品上注册了外观设计专利。

2006 年 7 月，苹果首次为 iPod 的三维立体造型申请注册，它包括了从一个角度看 iPod 的图纸。这幅图不仅强调了播放器的整体矩形形状，还强调了屏幕视角和圆形界面的控制。可以预见的是，审查员拒绝了苹果的申请，原因之一是作为其商标的描述过于宽泛，可以泛指任何音乐播放器。然而，苹果及时提交了其他证据，数据显示 2005 年 iPod 的市场份额超过了 70%，展示了消费者对产品的广泛知晓，消费者声称 iPod 的"独特"设计与其他媒体播放器相比有独特的感觉，并且以数亿美元的广告预算，专门用于构建了 iPod 的形状和苹果之间的联系。

2008 年 1 月，美国专利商标局向苹果授予其所需的这一非传统商标，以及以下关于批准商标的更具体的描述："一个便携式和手持式数字电子媒体装置的设计，包括排列美观的、矩形的套管显示圆形和矩形外壳。"

因此，它们采取了四重策略来保护它们的知识产权。

（1）采用了一个独特的名字和一个传统的商标。

（2）保护发明和外观设计专利，开始针对竞争对手建立防御墙。

（3）制作的广告凸显了形状、感觉和运动等至关重要的属性，并对其进行版权保护。

（4）申请了非传统商标，并说服当局核准。

提示和技巧

授予商标的条件如下：

1. 生动形象。
2. 能够区分申请人的产品或服务。
3. 不是诽谤性的，也不是违法的。
4. 不会引起公众的混淆。

商标注册

商标注册通常很快。以下是企业或个人在申请商标注册时应遵循的步骤。

步骤一：建议在注册商标的资源库中进行商标检索，以确保没有相同或类似的商标正在申请注册。

步骤二：商标检索后，商标申请书应当在商标律师的帮助下完成，并在商标注册处备案。一旦提交申请，商标注册局就会对是否符合商标注册的所有条件进行初步审查。如果这个问题的答案是肯定的，那么商标注册局将在全世界范围内公布商标，任何反对该商标公布与注册的第三方异议都要在 90 天内提出。如果反对商标注册的申请，申请商标的企业或个人必须通过律师解释商标注册的原因，并解释商标的区别性，以及商标在市场上的使用情况以期获得商标的注册。如果注册员对解释感到满意，那么它就会公布商标，并且反对该商标的公布和注册的第三方都可以在 90 天内提出异议。

步骤三：如果第三方在 90 天内没有反对该申请但想要反对注册，则向第三方提供另外 30 天的延期。商标注册局拒绝注册异议，则商标注册员应当发布该商标注册。商标注册所需的总时间为 6～12 月，具体取决于商标注册管理机构的意见、第三方异议和商标注册处待处理的申请数量。

图 1.6 显示了在印度商标申请和授予商标的程序和所需的时间框架。

国际问题

印度是商标国际注册马德里协议的签署国，目前申请人可以很容易在欧盟完成登记注册，这将有利于节省时间和成本。尽管如此，接受注册仍然取决于

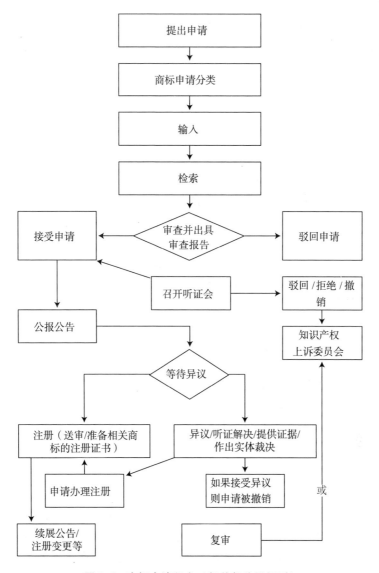

图 1.6 商标申请程序（相关部分及规则）

各国司法管辖区的国内法律。

商标的所有权

商标注册申请人必须声称自己是该商标的所有者，并且有意使用商标或意图授权其他人使用该商标。

保护期限

商标注册有效期为10年，每10年可续展一次。

所有者的专有权

注册商标所有者拥有该商标的独占权，将其使用在该商标注册的商品或服务上。商标注册包含 45 个类别的商品或服务。申请人在提交申请时必须描述其商标正在或将要适用的商品或服务的类别，独占权仅限于这些商品或服务。因此，对这些商品或服务的描述以及类别的选择是建立保护和形成后续商业化基础的关键因素。

随着互联网的出现，注册商标的实施出现了一些特殊的问题，特别是在域名、元标签〔元标签是超文本标记语言（HTML）中的编码语句，它描述了 Web 页面内容的某些方面，它是一种网络商标〕和超链接方面。

重　　点

如何管理公司的商标库

1. 确保适当和必要的权利：最重要的第一步是确定哪些商标对公司是重要的，并制定保护战略以及通过申请保护来获得权利。第二步是从市场营销和商业角度来确定哪些司法管辖区对公司来说是重要的。

2. 注意重要的日期并采取适当的行动：永远记住，在大多数司法管辖区注册商标的时机是非常重要的。首次提交的文件优先于随后提交的相同或相似商标的后续申请。另一个重要的步骤是注意注册日期和续展商标的日期。在印度，商标保护的期限是 10 年，这种保护可以在支付必要费用的前提下以 10 年的间隔无限续展。如果续展日期被错过，则可能失去对该商标的权利。

3. 使用商标：商标的使用对于获得权利是非常重要的。只是在交易中使用，商标是没有必要申请注册的。[31] 在印度，如果该商标在实际注册之日起 5 年内不被使用，则将会失去对该商标的使用权。[32] 这意味着商标注册员可以从注册商标中删除商标所有者的商标。确保持续使用、季节性使用或轮流使用商标，以防止被撤销，这是很重要的。

---

[31] Section 47, Trademarks Act 1999.

[32] *Century Traders v. Roshan Lal Duggar Co.* on April 27, 1977：该案中，原告曾向德里高等法院上诉称被告在纺织品上使用了他们的商标。德里高等法院得出结论认为，商标的使用对于获得商标法下的权利非常重要。为取得权利进行注册是必须的。最后，德里高等法院认定原告很久以前就一直在使用该商标，因此拥有涉讼商标中的利益。

续表

> 把商标布局分为三个不同的领域也是很有必要的：（a）战略商标；（b）支持性商标；（c）战术商标。
>
> 4. 定期审查商标库：对公司商标的定期审查非常重要。审查可以发现未使用的商标，以及正在使用的商标在应用中的缺陷。这有助于采取补救措施，避免后续的问题。审查还可以帮助识别那些不再与业务保持一致的商标，并帮助公司采取适当的行动来处理这些商标。

商标纠纷：案例研究

当苹果被中国法院勒令停止在中国销售其受欢迎的 iPad 产品时，苹果陷入困境。原因在于它没有 iPad 的商标权，而拥有该权利的公司，即唯冠科技（深圳）有限公司（Shenzhen Proview Technology）要求对苹果提出禁令，声称它拥有使用 iPad 作为商标的唯一权利。当上海市高级人民法院受理此案时，禁令被驳回，苹果被允许在中国销售 iPad。争议的根源可追溯到 2009 年，当时，苹果与唯冠科技（深圳）有限公司签署了在中国台湾地区和其他一些国家转让 iPad 商标所有权的协议。但唯冠科技（深圳）有限公司的中国分公司声称，在中国大陆没有转让 iPad 商标权的协议，因此它可以在中国拥有自己的权利。[33]

苹果同意向唯冠科技（深圳）有限公司支付 6000 万美元，最终在法庭外解决了使用 iPad 商标的争议，避免了诉讼纠纷。这一插曲显示了苹果在中国这样的市场上拥有商标权时所犯的错误。如果苹果采取了必需的关键步骤，达成一些协议，就可以避免这一纠纷。[34] 苹果应该按照上述"如何管理商标库"部分的说明正确完成任务。

现在让我们来看看 21 世纪第一个十年在印度流行的非传统形式的知识产权，因为一些处理这些非传统形式的法律法规是在 2000 年颁布的。

非传统的知识产权

集成电路布图设计

集成电路布图设计的保护没有正式的注册程序。2000 年的半导体设计法

---

[33] Sean Buckley, "Apple Pays ＄60 Million in iPad Trademark Dispute, Makes Peace with Proview"（July 2, 2012）available at http：//www. engadget. com/2012/07/02/apple-pays-60-million-in-ipad-trademark-settlement.

[34] Loretta Chao et al., "Apple Pays Small Price in China Case"（July 2, 2012）available at http：//online. wsj. com/article/SB10001424052702304211804577501681233676036. html.

将电路布图定义为"构成集成电路的有源和无源元件和互连的三维位置的材料形式"。

获得保护必须具备的条件

（1）电路布图必须是原创的。立法规定了"这不是"原创来处理这方面的问题。如果制造过程中制造商没有创造性的贡献或者其制造是司空见惯的，那么它就不是原创的。

（2）电路布图必须由印度公民做出，首先在印度或指定的国家商业利用。它必须是"商业利用"，它被定义为如果电路布图被出售，通过贸易、进口或出售之类的方式来出租或以其他方式分销。

与版权法一样，在此法案下，要获得保护不要求正式的登记。

谁拥有权利？

制造电路布图的人名义上就是拥有独占权的人。例外情况是在工作过程中做出符合条件的布图（或该法案称之为"EL 权利"），在这种情况下，雇主将拥有 EL 权利。如果制作电路布图是由另一个人委托的，那么委托制作电路布图的人将拥有 EL 权利。

提示和技巧

要想获得保护，电路布图必须满足：

1. 原创性。

2. 由印度公民做出。

3. 在印度或者指定的国家首先进行商业利用。

保护期限

保护期限因电路布图是否被商业利用而有所不同。一般为 10 年。

独占权

该法案赋予了权利的所有者独占的权利：

（1）以有形物复制该电路布图。

（2）根据电路布图或者电路布图的副本制作集成电路。

（3）在印度对电路布图进行商业利用。

植物新品种

植物新品种的开发，尤其在基因修饰日益盛行的时代，是一种日益增长的知识产权形式。由于第三世界国家公认的食品匮乏以及农产品高产量的需求日益增加，其重要性得到强化。与植物相关的创造性可以吸引专利和植物品种权（PVR）的保护。PVR 保护植物品种，而不是使用植物所产生的方法或产品。这些权利可以扩展到以其他品种为主的衍生品种。

印度 PVR 的法律制度在 2001 年的植物品种和农民权益保护法中有明确规定。它实施了印度签署的保护植物新品种国际公约。值得一提的是，尽管印度议会已经颁布了 2001 年的植物品种和农民权益保护法，但该法并没有在印度生效。

谁拥有它？

"育种者"指的是一群人或一群农民或任何机构，他们培育、繁殖、发现或开发了各种各样的品种，名义上有资格申请 PVR。如果在工作过程中培育或发现和开发了这种新品种，那么雇主将是育种者。与其他形式的知识产权一样，也存在 PVR 的共同所有者。

植物新品种保护的条件

2001 年植物品种和农民权益保护法所保护的植物品种的登记条件是新颖性、特异性、一致性和稳定性。

（a）新颖性是指植物品种在印度尚未出售或以其他方式处理不到一年，或在印度以外的地区，树木和藤本植物销售未超过 6 年，其他植物未超过 4 年，则认为具备新颖性。

（b）特异性是指在提交申请时，至少有一种基本特性明显区别于已存在的品种。

（c）一致性是指品种的特性在繁殖易于发生变化的情况下，繁殖的具体特性基本一致。

（d）稳定性是指在重复繁殖后或在某一特定的繁殖周期结束时，品种的基本特性仍保持不变。

保护期限

在印度，树木和藤本植物品种的授权将赋予植物品种的所有者在注册日期之后最长 18 年内行使独占权。自中央政府通知该品种之日起，该品种的保护期为 15 年。其他品种的保护期为自该品种登记之日起 15 年。但是，不能再续展登记。

独占权

植物新品种赋予了权利人以下对植物品种的繁殖材料的排他性权利：

（1）生产或复制材料。

（2）将材料用于繁殖目的。

（3）许诺销售材料。

（4）销售材料。

（5）进口或出口材料。

（6）为上述任何目的储存繁殖材料。

与专利不同的是，当繁殖材料被出售时，植物新品种的登记就会被耗尽，除非买方使用繁殖材料来进一步培育所产生的作物。这种权利的穷竭只局限于一个生产周期。"权利用尽"原则也不适用于出口到一个不认可有关 PVR 公约的国家的情况，也不适用于将繁殖材料用于其他目的而不是最终消费的情况。

在植物品种和农民权益保护法中规定了一些明确的免责条款，包括：

（1）非商业性使用繁殖材料或用于试验目的或培育其他植物品种。

（2）农民收获作物并保存繁殖材料，并将其用于再生产目的或为了繁殖。

（3）用作食物、食物原料或燃料的繁殖材料。

PVR 的所有者必须采取合理的措施，以确保公众能够合理地获取植物品种。合理的措施包括以低廉的价格和足够的数量生产各种各样的植物品种以满足其需求。

产品外观设计

外观设计制度旨在保护一件物品的"外观"。在印度，管理外观设计的法律制度是 2000 年的外观设计法案。该外观设计法案对获取独占权的注册程序有明文规定。这一程序与商标法中的规定类似。

外观设计制度关注的是物品的"形状、结构、图案或装饰"等特征。该法案旨在保护物品的外观，而不是它的功能，尽管这个物品可能具有诸如水壶的功能。外观设计和版权之间有明显的重叠。1957 年的版权法意图反映的政策是，如果作为设计注册的版权作品适用于工业用品，版权保护则不适用。不幸的是，要想解释版权保护法案中的版权保护问题，并不容易。

外观设计被定义为通过任何工业方法或手段以二维、三维或两种形式的形状、结构、图案或装饰的特征。

外观设计的保护条件

2000 年的外观设计法案规定，外观设计必须适用于一件物品，并且是一目了然的。此外，正如相关优先权日一样，外观设计必须是新颖的或原创的。这必须针对具有类似特征的物品来判断，并且不应当仅仅是一种非实质性的差别。外观设计法针对规定了一个在官方认可的公开展览中公开信息的宽限期，条件是在公开的 6 个月内提交注册申请。未经设计者同意发表的作品，不会破坏获得注册的资格，但必须证明，设计者在意识到在先的公开后，用尽了一切合理的努力去寻求注册。

与其他正式的知识产权注册制度一样，这个程序也适用于获得注册的过程。

外观设计的所有权

设计者是有权申请注册的人，即一个进行设计构思并以有形物进行表达的人。这个规则的例外是：

（1） 如果设计是为了功能性考虑而创作的。

（2） 如果设计是在雇佣过程中进行的。

（3） 如果设计被转让。

与其他形式的知识产权一样，可以让共同设计人作为共有人。但是，共有人可以在未经其他共有人同意的情况下对注册的外观设计进行许可。

提示和技巧

保护外观设计的条件如下：

1. 必须应用于一件物品。

2. 一目了然。

3. 必须产生于优先权日前。

保护期限

一项外观设计的注册可以让权利人行使为期 12 个月的独占权，并且可以续展 3 次，每次续展的期限自提交申请之日起共计 5 年。这意味着外观设计的最大保护期限为 15 年。新的外观设计法案草案建议对外观设计的保护期为 10 年，这与其他国家外观设计的保护相一致。

独占权

外观设计所有人有权将该设计应用于其注册的物品，进口、出售或租用该物品，或者授权他人进口、出售或租用该物品。

保密信息

议会没有采取任何行动来管理保密信息。有关保密信息的法律已经订立了数十年，它们源于普通法原则，并且保密信息没有相关的注册登记制度。

保密信息可能是保护想法的唯一方法。尽管俗语中常常说保密信息是"拥有的"，而印度的法律都认为这是事实问题。它本质上是一个关于谁有能力控制信息发布的问题。尽管如此，英国的案例仍然认为，有可能拥有"共同所有权"，并且每个共同所有者有权使用这些信息来获取自己的利益。❸ 保密信息商业化过程的最大优点是保护期没有限制。如果该企业能够保密，那么它就会一直拥有与使用保密信息有关的垄断权。当然，不利影响是巨大的。将信息发布到公共领域，即使以未经授权的方式进行，也意味着保护将永远丧失。出于这个原因，企业采用的保密机制和程序是至关重要的。

保护的标准

保密信息仍然处于没有任何法律保护的领域。为保护保密信息而制定的原则来自印度和英国的大量判例法。英国著名的案例已经确立了一个很好的标准，❸ 它或多或少解释了知识产权领域的保密信息。该标准如下：

（1）信息必须具备秘密性。信息的类型没有限制，但一般来说，它必须是可确定的。

（2）企业披露这些信息的情况一定是它们对信息的接收者有信心。在这种情况下，考查信息在企业内部与外部被知悉的程度、企业采取保护信息的措施以及信息对企业的价值是相关的，而信息的创造性通常是不相关的。

有可能对保密信息的使用或进一步披露作限制也是可能的条件之一。在这些条件之外披露保密信息可以使企业有理由从法院获得救济。证明保密信息受到保护的标准是否要求企业在被告使用或威胁使用信息的情况下受到损害，这还有待解决。

信息的性质也可能触发其他法律。例如，如果信息是关于个人的信息，那么隐私权法也可能适用。

提示和技巧

保护保密信息的条件如下：

1. 信息必须具备保密性。
2. 信息的接收者负有保密的义务。
3. 企业采取措施保护这些信息。

实际问题

实践中在保护保密信息时可以考虑一些重要的措施，例如：

---

❸ *Murray v. Yorkshire Fund Managers Ltd.*，［1998］2 All ER 1015.

❸ *Coco v. A. N. Clarke（Engineers）Ltd.*［1969］RPC 41）．

（1）与员工签订保密协议（NDA），保密协议将会明确规定员工必须遵守的保密义务。

（2）建立一个能清楚识别企业内保密信息及其安全级别的制度。

（3）向员工和第三方明确告知属于保密信息以及可以使用该信息的目的。

（4）将敏感文件标记为保密信息，并记录保密信息的使用和披露情况。

保密协议

知道什么时候使用保密协议很重要。虽然它们提供了第一个保护基础，但它们是商业协议，需要在商业环境中理解这些条款。

在某些情况下，企业还应该考虑是否需要签订合同或其他协议来确保信息的机密性。保密协议约束的范围也需要仔细考虑。如果过于宽泛，这可能使贸易受到不合理的限制，就像印度的合同法一样，是不可执行的。

保密协议需要仔细修改，以避免给接收者太多的空间。保密协议通常旨在发送给接收者的真实信息后设置防火墙，如果设置在协议中明确规定，特别是在保密协议的草案中，保密协议的法律效果可能被严重淡化。

电子邮件和互联网

互联网对维护私人数据的机密性和控制提出了特别的挑战。企业应该有合理的政策来处理电子邮件的使用，特别是电子邮件中的附件。标准的电子邮件文本（通常是页脚）应该包含关于信息保密的警告。

现在，如果看整个互联网，我们会发现它在保护保密信息方面存在一些问题。

（1）通过互联网，企业的保密信息将会瞬间传播。在网络世界上发布这些信息，接收方可能发现自己因传播该特定信息成为这家企业（原告）的被告。

（2）进一步传播该信息的第三方有可能在不同的法律管辖区，将会很容易地使用这些信息。这意味着原告很难对使用该信息的第三方提起诉讼。然而，如果诉讼可以针对最初的接收者，这并不是一个严重的问题。

企业应采取必要措施，确保本企业的保密信息不会在互联网上公布。作为预防措施，本企业应将密码分配给高级员工。应该指出的是，一旦保密信息作为互联网的一部分，那么它就会被公开，不再是机密。保密信息的保护通常建立在信任以及雇主－雇员合同的基础之上。

员　工

对于公司来说，精明的做法是在员工对保密信息的处理上，制定公司的期望政策。这可以延伸到教育工作人员的保密原则，即可以通过举办关于保密信息的内部研讨会，培训员工如何保护信息不致泄露。

企业的高级管理人员应该被允许访问这些信息，而其他人则不被允许。应该给予高级管理人员卡片和密码来访问信息。企业应该建立一个安全的信息系统，24 小时进行监控。

商业秘密

商业秘密是知识产权最复杂的概念之一。但我们想出了一个简单的方法来解释什么是商业秘密。我们都知道可口可乐公司和它受欢迎的饮料——可口可乐。该公司用来制作饮料的成分和配方被锁在美国公司总部，除了高级管理层之外，没有人知道用于制作饮料的成分。可口可乐使用的这一成分是商业机密（关于商业秘密的概述见表 1.4）。

表 1.4　商业秘密

保护客体	有商业价值的信息，在贸易中通常不为人所知或容易获得，且有证据表明做出了保护秘密的努力。例如，产品配方、化学成分、蓝图、尺寸、公差、客户名单、供应商、财务信息，等等
政府登记	一般都没有
权利范围	防止披露或以不诚实的手段获取，或未经许可使用秘密或保密信息
持续时间	只要信息是保密的（可能永远保密）
法律依据	❖ 国内法（普通法下的权利），与 TRIPS 第 8 节第 39 条一致。 ❖ 在印度，受普通法保护的权利，明示或默示合同的原则，与不正当竞争有关的法律，在某些情况下是刑法

商业秘密是商业机密的法律术语。它是一种无形资产，企业是其唯一合法的所有者。在未经唯一合法所有者事先许可的情况下，任何其他企业或个人不得使用商业秘密。商业秘密可能是一个配方、一种模式、一个设备或者一家企业的客户机密数据等。商业秘密是知识产权保护的一种形式，企业可以借此防止被竞争对手窃取或复制。

提示和技巧

判定商业秘密的标准如下：

1. 这些信息不能通过一般的方式被普遍知晓或查明。
2. 由于其保密性，信息必须具备独立的经济价值。
3. 权利人必须采取适当的手段来保护信息的安全。

印度的保护

在印度，商业秘密的保护是基于普通法的原则。我们参照印度合同法也对商业秘密给予了某种保护。印度合同法第 27 条规定，在合同可能性的情况下，禁止某人在特定企业就业期间披露任何可能对其有利的信息。

域名：互联网上的商标

我们有家庭和办公室的地址，同样的，域名在互联网上只是简单的地址形式。用户能够通过地址以一种简单的方式在互联网上定位网站。域名与各种互联网协议号码相对应，这些数字连接各种计算机使得直接网络路由系统能够将数据请求定向到正确的收件人。换言之，域名是"统一的源定位器"。域名有两种类型，具体如图 1.7 所示。

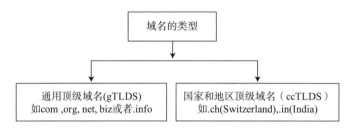

图 1.7　域　　名

除了定位，域名还具有识别企业及其在互联网上的商品和服务的功能，这让它们比竞争对手更有优势。最近，互联网的格局、对标识符的使用（包括多语言的域名和关键字）以及域名命名系统（DNS）的组织、管理和协调相关的问题都发生了很大变化，包括新通用顶级域名（gTLDS）的引入、多个根源的出现、互联网名称与数字地址分配机构（ICANN）改革。

已经存在引入新的通用顶级域名来补充（.com，.org，.net，.edu,.gov，.mil 和 .int）域名，已经是政府多年来一直在激烈辩论的争议性话题。互联网名称与数字地址分配机构（ICANN）在新域名产生的过程中发挥了非常重要的作用。域名可以通过联系任何 ICANN 认可的注册机构来注册。

在最近的一段时间里，允许以非美国信息交换标准代码字符的形式注册域名已经有了一些进展，如阿拉伯语、中文等。

印度的域名

企业希望获得可以很容易识别它们已确立的商标的域名，这是一种普遍的做法，这有助于公众识别公司。

域名和商标是相互联系的。根据印度法律，域名享有商标保护权。❸

域名的注册

注册一个域名是非常简单的。要获得域名，企业或个人必须与域名注册机构取得联系，并向其购买域名。注册域名没有任何标准。

知识产权：标记和告知

知识产权制度的共同特征是将知识产权的所有权告知全世界。一般来说，这是为了确保任何涉嫌侵权的知识产权侵权者具有推定的"通知"，这可以使企业克服任何善意侵权的抗辩。这在专利（植物品种保护和农民权益保护法）以及电路布图方面表现明显。在商标方面，有许多抗辩要求被告证明该商标是善意使用（商标法第 122 条）。在版权方面，使用相关的标记也可以在外国管辖范围内行使互惠权利，证明其侵权。

表 1.5 列出了应该在各种形式的知识产权方面应用的标记的性质。

表 1.5　知识产权：标记和告知

知识产权的类型	标记或者告知
专利	"印度专利号×××""待决专利"（专利申请提交到相应的专利局）
版权	根据 1952 年《世界版权公约》［UCC］，"©［版权所有者的名称］［国家］［第一次出版的年份］"
商标	对于已注册的商标"®"，他人使用该标志作为注册商标的标志是一种违法行为。"TM"是注册申请的主体在商标注册前待决的标志
外观设计	"外观设计编号×××"这是一个常规问题，在 2000 年外观设计法下并未要求或调整
植物新品种	没有正式的标准，尽管有评论提倡统一的国际标志
保密信息	"保密"或"商业不公开"

在处理版权作品时，要在文章中插入"保留所有权利"，以说明该出版物或提供的知识产权不包含任何许可证，这是可选的也是一种合理的做法。

在使用上述标记时应注意，知识产权相关法规有明确的规定，让人误认为是注册的知识产权所有者或者是已经注册的知识产权（例如，1999 年的印度商标法）的，是一种违法行为，这样的行为也可能构成与竞争法相违背的误导或欺诈行为。

---

❸ *Rediff Communication Limited v. Cyberbooth* 1999（4）Bom CR 278.

第二章
知识产权获取的方法与策略

阅读本章后，您将能够

❖ 理解知识产权从创新到商业化的价值链

❖ 理解创新的三种不同方法，即研究推动、市场拉动、开放式创新

❖ 理解知识产权价值链保护的重要性

❖ 了解来自世界各地不同公司的各种知识产权策略及案例研究

直到 20 世纪的最后 10 年，知识产权仍然是一个不受重视的话题。但是今天，情况并非如此。到底发生了什么呢？是什么让公司把知识产权视为有价值的资产？通过本章和前面章节的研究，我们将论证印度和世界上一些知名的公司是如何利用它们的知识产权资产。在 21 世纪，不注重知识产权的公司，其前景会一片黯淡。《知识产权战略》的作者约翰·帕尔弗里（John Palfrey）认为，"知识产权不是首席执行官们最好留给他们在大型律师事务所律师团的一潭法律死水，而是推动企业和许多其他形式的企业发展的核心"。❶

许多企业都开发了优秀的创意和创新，但由于缺乏商业技能、金融资源、市场信息和时间，未能进一步采取措施将其商业化。❷ 如果该企业在技术发展过程中能尽早地考虑商业化问题，将会促进知识产权的商业化，并有可能实现更大的发展前景。

---

❶ John Palfrey, *Intellectual Property Strategy* (Cambridge, MA：MIT Press, 2012), 17.

❷ Mike Herd, "Commercializing your IP: turn ideas into assets, 2006," available at http：//www. mybusiness. co. uk/YQLibKNoAI8d7Q. html.

开发知识产权的战略

知识产权的重要性不应被低估。企业应该明白，知识产权是公司价值的一个关键因素，而且在收购、处置、证券化和执行诉讼中的价值日益增加。目前，如果公司要使股东利益最大化，那么也需要识别和管理知识产权。❸

商业化是企业将其创新推向市场的过程。商业化通常需要发明者、金融家、员工、管理者、广告商和营销人员的协调合作。❹ 值得注意的是，为了确保创新商业化，公司必须探索所有的选项，根据专业及其他情况对其进行评估，以确保实现利润最大化。正如苏塞克斯创新中心（Sussex Innovation Centre）❺ 的执行董事迈克·赫德所说，"要想将知识产权转化为该公司的商业资产，就必须超越自己业务的范围，并与其他各方探讨潜在的营销和合作伙伴关系"。❻

要使知识产权资产商业化，企业应该有一个健全的计划。孟买的 ITM 大学维诺德·索普（Vinod Sople）教授提出了一个价值链，如图 2.1 所示，如果遵循这样一个价值链，就可以使企业在知识产权资产商业化方面产生巨大的收益。❼

我们今天所熟知的知识产权价值链分为四个阶段：（a）创新、（b）保护、（c）管理和（d）商业化。

创　　新

创新意味着发明，也意味着创造。如果没有创新，那么在这个竞争激烈的

---

❸ Pricewaterhousecoopers and Landwell，"UK Intellectual Property Survey 2002"available at http：// www. landwellglobal. com/images/uk/eng/custom/uk_ downloads/ip%20survey. pdf.

❹ 乔治·华盛顿大学的 Scott Kieff 教授对商业化的含义进行了解释。其著作被布鲁斯·铂尔曼主编的《从资产到利润》一书引用。*From Assets to Profits*，Ed. Bruce Berman，（Hoboken，New Jersey：John Wiley & Sons 2009），32.

❺ SInC 公司在英国是一家一流的技术商业孵化器公司。该公司于 1996 年开始运营，为技术与知识型公司的创立和发展提供支持。该公司已经为 IT、生物技术、医疗和工程领域超过 70 家公司提供了此类优秀的便利条件，为这些公司的高速增长和兴旺发达创造了商业孵化器环境。其他公司则覆盖了生物技术、设计媒体、人工智能、激光以及游戏技术等领域。这些企业活跃于像新药研发和游戏技术一样的多种领域。由于与苏塞克斯大学紧密协作，SInC 已经成为一个在苏塞克斯地区在公众、学术和商业部门之间致力于广泛的教育和科研资源的经济潜能开发利用方面独一无二的组织。更多信息参见 http：// www. sinc. co. uk.

❻ Ibid.

❼ Vinod V. Sople，*Managing Intellectual Property—The Strategic Imperative*（New Delhi：Prentice Hall of India，2006），22.

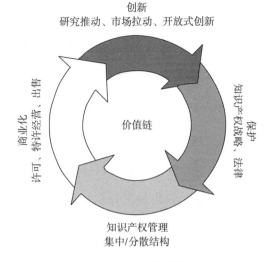

创新
研究推动、市场拉动、开放式创新

商业化
许可、特许经营、出售

价值链

知识产权战略、法律
保护

知识产权管理
集中/分散结构

图 2.1 知识产权价值链

世界中企业将无法取得进展，最终会被竞争对手淘汰。在公司内部，每一项工作都与创新、创造力和商业独特性息息相关。只有创新才能实现商业独特性。

例如，韩国摩托车头盔制造商 HJC 等公司，它在全球拥有 42 项创新头盔的专利，并在出口市场销售了大约 95% 的产品，取得巨大成功。该公司将销售利润的 10% 用于研发，并将创新设计作为在头盔行业成功的关键因素。

创新和知识产权

塔塔（Tata）钢铁公司于 1907 年成立，直到 1939 年，它在英国统治印度期间经营着唯一一家同时也是最大的钢铁厂。该公司自成立以来，一直致力于整合新的现代化和扩建项目。1990 年，该公司通过在纽约设立子公司（Tata Inc.）扩大到美国市场。从那时起，它们的发展和增长的欲望从未停止，而且与日俱增。

随着自由化和全球化的发展以及业务规模的扩大，技术的自主研发成为至关重要的先决条件。为了与知识产权全球化保持一致，企业有必要拥有自己的研发机构。外包研发变得越来越困难，因为它危及知识产权和所有权。因此，技术独立已经成为可持续创新和增长的必要条件。

塔塔钢铁公司在 2000~2005 年采取了以下三个步骤，有助于其在所选择的技术中成为领导者。

（1）在强大的 ASPIRE 项目下，将持续的改进和创新过程规范化。

（2）确定战略性技术发展的关键领域。

（3）建立健全机制以获取新的技术发展，并申请知识产权。

该公司在 2001 年成立了自己的专利部门，这是建立健全知识产权机制的重要一步。该部门主要关注和激励塔塔钢铁的知识产权运营，其效果立竿见影。多年来，这些措施使塔塔钢铁公司知识产权（已申请和已被授权的专利以及版权）的总数量从 2000 年的 32 个增加到现在的大约 500 个。在这些知识产权中，有 133 项专利已被授权，剩下的 360 项也已提交申请，并处于被授权的不同阶段。

塔塔钢铁公司凭借其合理和健全的政策成为印度制造业的标杆。鉴于塔塔钢铁欧洲公司（早期 Corus 集团）自 2003 年以来已经拥有 864 项专利，塔塔钢铁集团很有可能实现技术上的自主研发。

塔塔钢铁公司面临的挑战

在未来的几年里，主要有两个挑战。

第一个挑战是知识产权的商业化，包括已授权知识产权的营销，寻找潜在客户和谈判许可条件。塔塔钢铁公司正在努力以国际先进经验为基准进行测试，并从提供知识产权许可和商业化服务的专家那里获取专业帮助。目前，1 项专利和 12 项版权已被确定为商业化的试点案例。全球有 7 家公司对这项专利表示感兴趣，同时有 78 家公司对"电子学习包"的版权感兴趣。

第二个挑战是在与主要生产伙伴合作的情况下处理知识产权共享的问题。随着塔塔钢铁公司的本土新技术规模不断扩大，它已成为与其他行业的供应商合作的必要伙伴。保持对自主知识产权的追求，同时与他人分享知识，这是一个很好的平衡，这既需要对技术的理解，也需要掌握相关的法律谈判技巧。同时，塔塔钢铁公司也在努力参照国际先进经验。

塔塔钢铁公司未来知识产权的愿景就是继续扩大知识产权库，并通过许可和商业化不断释放价值。正如盖蒂图片社（Getty Images）首席执行官马克·盖蒂（Mark Getty）所言，"知识产权是 21 世纪的石油"。

据维诺德·索普教授的说法，企业创造力的产物就是它的创新。❽ 企业有多种方式选择如何创新，并为自己带来经济效益。在创新阶段，发明、开发、修改、获取、外包和协作都是为了创建和增加其知识产权库。有三种不同的方法来处理创新与商业化之间的联系，这种联系也可以被称为创新阶段。在今天的企业架构中，创新有三种不同的实践方式：（a）技术/研究推动方法；（b）

---

❽　Vinod V. Sople, *Managing Intellectual Property—The Strategic Imperative*（New Delhi：Prentice Hall of India，2006），23.

市场拉动方法；（c）开放式创新方法。我们试着结合一些国际领先企业的案例进行研究。

技术/研究推动方法

在"技术/研究推动方法"中，企业启动一项研究计划，旨在没有可用的商业应用程序的情况下解决市面上的科学或技术难题（见图2.2）。在这种情况下，企业可能实现了其开发解决方案的目标，但是要将解决方案转换为可商业化的应用形式可能并不容易。以谷歌眼镜为例，它有一个内置的光学头安装显示器，可以以免提的方式显示肉眼可见的信息。虽然这项技术是革命性的，但谷歌还没能够将这项革命性的技术商业化。

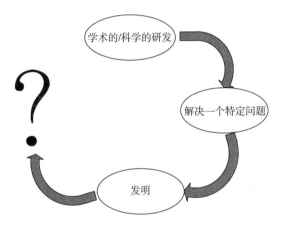

图2.2 研究推进方法

尽管人们越来越多地关注由"研究推动方法"所带来的商业利益的缺乏，但认为这种方式是不合理的，也是不正确的。正如任何科学家都会告诉你，高质量研究需要高质量时间的保证。任何商人都会告诉你，时间就是金钱。如何平衡这些关系就是商业化过程中的两难困境。

这种方法描述了一种情况，即新兴技术或现有技术的新组合为市场上的创新产品和问题解决方案提供了驱动力。在某些情况下，新技术在转化为重大的产品或工艺创新时，有可能实现自己的市场地位。这种新技术或新技术的结合可能出现在一个研发部门、一个以应用为导向的开发部门、研发部门和程序开发部门的结合或者是超越单个公司研发部门的合作。

要　点

应用这种方法时，企业需要问自己以下问题：

1. 它有知识产权吗？这可能需要知识产权审计。

2. 这项知识产权有实际或潜在的效用吗？确定效用必须根据企业的目标对知识产权进行评估，既需要在广泛的商业环境中，也需要就手头的具体项目进行评估。

3. 企业是否拥有和控制知识产权？这将包括对被知识产权审计所接受的知识产权的创意和所有权的评估。

4 企业应该采取什么措施来保护知识产权或者获得控制权？这还涉及知识产权的实用性和获得控制权所需步骤的评估。

市场拉动

"技术/研究推动方法"的替代方法是"市场拉动方法"，即研究项目由一个或多个确定的商业机会所驱动（见图2.3）。

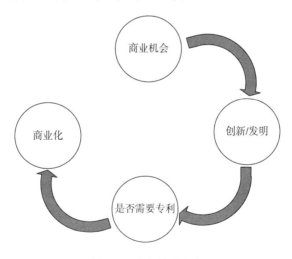

图2.3　市场拉动方法

让我们以一个例子来理解这种方法。制药公司可能把重点放在疾病上，并应用一个研究项目来分析与疾病相关的生物学问题。在这种方法中，制药公司在承接这项研究项目时将计算如下项目：（a）通过研究项目开发的药物的潜在需求；（b）市场可能负担得起购买这种药物的成本；（c）可能获得的潜在收益；（d）将药物投放到市场所需要投入的成本。

要　点

"市场拉动方法"涉及的是关于知识产权商业化的问题。这一概念在保罗·麦克金尼斯（Paul McGinness）所写的《知识产权商业化：业务经理的伴侣》中得到了很好的总结。

1. 企业是否需要启动研发程序？
2. 如果需要，知识产权的前景如何？
3. 如果前景可观，那么企业应该如何保护、拥有和控制知识产权？
4. 企业如何才能最大限度地利用知识产权的战略部署？

这些问题对于目标市场的评估至关重要。当然，总有一种可能性，即研究将会导致意想不到的结果。就像"阿斯匹林"（阿司匹林）一样，这是由德国化学家费利克斯·霍夫曼（Felix Hoffman）首先研发的，针对性地治疗他父亲的风湿病。现在它是世界上用于各种身体疾病最常见的药物之一。

案例研究

印孚瑟斯（Infosys）和创新

在印度，许多公司都采用了创新策略以保持其在竞争中的领先地位，它们需要加速创新。印孚瑟斯就是一家崇尚创新的公司。这家公司通过严格的培训，在其员工的智力资本之上建立了知识产权库。为了实现更高的创新目标，该公司建立了世界上最大的员工培训中心。印孚瑟斯认为创新是公司成长轨迹中的一个重要因素，有助于它在竞争中脱颖而出。印孚瑟斯创新战略的三大要素是：（a）产品、（b）平台和（c）新的参与模式。

印孚瑟斯在1999年开始专注于创新，当时它成立了软件工程和技术实验室（SET Labs）。技术实验室的目的是通过与30岁以下的顶级生产者合作建立印孚瑟斯知识产权库，他们每年都被邀请到印孚瑟斯与高级管理层会面。在一项名为"Infosys 3.0"的战略计划中，"30岁以下"年龄段的生产者开发创新产品，这些生产者包括客户、员工、合作伙伴、供应商、投资者、监管机构、志愿者、公民和其他人。该公司预期从创新中获得1/3的收入，这本身并不是一件轻而易举的事情。

这个与不同利益相关者"共同创造"的概念来源于《竞争的未来：与客

户共同创造独特的价值》一书。自 2011 年初以来，印孚瑟斯一直在与各种合作伙伴和客户合作。其中一个例子就是印孚瑟斯和英国电信之间的合作，两家公司的研究人员都参与了联合研发和原型开发的合作，这使得两家公司可以联合利用新创造的知识产权。❾

"共同创造"计划不仅为印孚瑟斯创造了产品和服务，还为它赢得声誉且实现其意愿。印孚瑟斯的品牌形象也得以提升，它在《福布斯》全球最具创新力公司排行榜上名列第 15 位。

创新：研究阶段

不管该研究项目是"市场拉动"还是"技术/研究推动"的结果，该企业都必须在研究与企业的战略方针一致以及结果有利于目标实现的基础上推进研究计划。

研究阶段需要考虑以下几点。与任何重大项目一样，研究项目应该进行规划和实施，采用标准的项目管理准则。

（1）确保各司其职。

（2）为商业化的每个预期阶段制定预算方案。

（3）明确目标、结果，包括任何知识产权。这些结果应该符合企业的战略方向。

（4）确定支持研究项目所需资金的来源。这将包括为第三方资金提供机会，例如通过许可或合资企业。

（5）进行风险分析，不仅着眼于项目的成功实施，还考虑其成果在商业环境中的应用。

（6）制定项目规划和实施的时间表。

（7）建立并应用适当有效的文件管理系统，这将有助于识别和评估知识产权。

（8）风险分析应该确定在研究以及将研究结果商业化过程中是否有可能存在障碍。

（9）从知识产权的角度来看，这需要确定其他企业是否已经获得了该研究所在领域的垄断权利。

（10）知识产权检索是一个重要的工具，特别是涉及专利和植物新品种的权利。

---

❾　Innovation ashwin @ gmail. com Infosys—Case Study （November 24, 2011） available at http：// analysiscasestudy. blogspot. in/2011/11/innovation-infosys-limited-case-study. html.

值得注意的是，知识产权检索很可能揭示公司特定项目上的制约性专利，因此，企业可以尝试"绕过"这些专利。这种做法的危险是显而易见的，其后果对企业具有破坏性，因为当法院裁定专利受到侵权时，就会面临法院裁决其损害赔偿和禁令的风险。在某些司法管辖区，如果该企业故意侵犯他人的知识产权，则可能支付惩罚性损害赔偿。一个生动的例子就是美国宝丽来和柯达之间关于柯达即时相机的开发和销售方面产生的争议。

柯达（Kodak）和宝丽来（Polaroid）在法庭上的冲突

柯达在摄影行业中已经确立了自己的巨无霸地位，而在即时拍摄市场上，宝丽来已经占据了主导地位。1976 年，宝丽来提起诉讼，控告柯达侵犯了宝丽来的 12 项与即时照相机和胶卷有关的专利。在接下来的 5 年里，双方就责任和侵权问题卷入了一个广泛的证据发现程序。❿ 柯达从著名的专利专家那里获得了法律建议，柯达的技术人员被告知，他们"不应该被某个个人所认为的潜在的专利侵权所约束"。柯达采用了一种依赖于假定宝丽来专利无效的策略。毫无悬念，宝丽来起诉柯达并获得了法院判决柯达支付的 9.25 亿美元赔偿金。柯达被迫关闭了其制造工厂，裁减了数百名工人，还不得不花了大约 5 亿美元买回它在 10 年间销售的即时相机。据报道，律师费超过了 1 亿美元。⓫

这个案例是一个关于企业如何在市场上研究识别其竞争对手已经在该领域获得垄断权利的专利的令人大开眼界的事例（见表 2.1）。

表 2.1　柯达和宝丽来诉讼的时间表

日　期	事　件
1976 年 4 月 26 日	柯达因侵犯宝丽来 12 项专利而被起诉
1981 年 10 月 5 日 ~ 1982 年 2 月 26 日	地方法院进行了审判，持续了 75 天，涉及几个动议和庭前会议
1985 年 10 月 11 日	地方法院裁定，柯达侵犯了宝丽来的部分权利要求，并给予柯达永久禁令
1985 年 11 月 4 日	柯达向联邦法院申请搁置禁令，等待其上诉完成。在口头辩论之后，法院驳回了这项提议
1988 年 9 月 ~ 1990 年 9 月	法庭讨论损害赔偿的数额。宝丽来寻求三倍于市场份额损失的赔偿，总计 120 亿美元

---

❿ *Polaroid Corp. v. Eastman Kodak Co.* U. S. District Court District of Massachusetts 16 USPQ2d 1481 10/12/1990 Decided October 12，1990 No. 76-1634-MA available at http：//www. bustpatents. com/kodak0. htm.

⓫ Ibid.

日　　　期	事　　　件
1990 年 10 月	法官判令柯达支付 9.09 亿美元的赔偿金，后来修改为 8.73 亿美元

开放式创新

开放式创新是第三种方法，行业、企业等正在把这种方法运用到将其内部创新商业化以及获得大量的外部创新并将其商业化的过程中。在这种方法中，公司与外部合作伙伴一起合作和互动，创造出更新、更好的技术和产品，并从这种互动中获益。同行共同生产（Commons – based peer production）是由哈佛大学法学院尤查·本科勒教授（Yochai Benkler）所创造的术语，用于描绘一种新的经济生产模式，即在公司内部与公司外部大量的人力资源在互联网的帮助下相互协调进行项目研究，而没有按照通用的层级结构。开放式创新实际上意味着联合外部和内部的想法或技术。

开放式创新的基本前提是：把有价值的所有权留给自己，把其他的都留给外部创新。创新较少涉及发明新事物或构建新事物，更多的是协调好的创意从而为商业化服务（见图 2.4）。

图 2.4　开放式创新

为什么是开放式创新？

开放式创新背后的理念是，在世界上有成千上万的人拥有广泛分布的知识。工业和企业没有人力或资源去单独创造一切，也不能仅仅依靠它们各自的研发部门进行研究。因此，公司将它们的研发实验室和研究中心开放给公司之外的人，以便利用分布广泛的知识为自己的利益服务。

开放式创新的基本原则之一是我们应该从别人使用我们的知识产权当中获利，应该在别人的知识产权有利于我们的商业模式发展的时候购买它。❷ 通过采用这种方法，企业管理其知识产权库以完善其商业模式，并从其竞争对手那

---

❷　Henry Chesbrough, *Open Innovation—The New Imperative for Creating and Profiting from Technology*（Boston：HBS Press, 2006）, xxvi.

里获得利益。

开源软件的成功是开放创新的一个重要里程碑。有人可能说，允许来自企业内外的人开发软件会削弱知识产权的存在，因为任何开源项目的贡献者都不会对他们的作品保留知识产权。这种观点是不正确的，因为开源软件是维护一个强大的、可预测的知识产权制度可以支持开放创新的例子。人们可能惊讶地发现，由于通用公共许可证支配着许多开源软件项目的法律制度，因此随着通用公共许可证的出现，❸ 开放源代码有了一个非常强大的知识产权保护。

恰当地说，我们生活在一个瞬息万变的世界，一个特别的想法在几分钟之内就会变得过时。因为世界上另一个地方的人会突然产生这种想法，并且不断推动该想法的完善。互联网改变了世界上许多公司的命运，开放式创新已经获得了动力。

诸如 http：//zyrist. com、http：//innocentive. com 和 http：//yourencore. com 等网站为许多人提供了一个平台，让他们创造、创新和讨论想法。在这个全球化的时代，公司需要比竞争对手更快、更有效地利用自身优势的独特能力。要想实现这一点，它们必须采取欢迎公司外界人士产生新想法的政策，这不仅在薪酬方面有利于带来新想法的人，而且公司也将获得巨大的好处，并节省大量金钱。

开放式创新模式的方法应该首先考虑将企业的知识产权划分为专有的和非专有的知识产权。那些具有专有性质的知识产权应该保留在公司的内部，而非专有的知识产权应该向公众开放，以便进一步创新。

为了采用这种新的、快速增长的方法，企业需要从它们的内部消除一些根深蒂固的想法。"传统观点认为，分享知识产权和其他资源创造了一个公共产品，每个人都分享收益，但绝不会产生私人回报。"❹ 相反，分享知识有助于推动创新，创造财富。这里列出了开放创新和同行共同生产的主要好处。❺

（1）捆绑外部人才：目前技术变革的速度和复杂性如此之大，以至于任何公司都无法创造出与竞争对手在同一领域内竞争所需的所有创新。我们在见

---

❸　通用公共许可证（GNU）由一位软件自由积极分子理查德·斯塔尔曼写成。通用公共许可证项目是一个自由软件、大众协作项目。它管理着包括著名的 Linux Kernel 在内的各种开源软件项目，同时通过合同（一种公共许可）使任何个人的知识产权从属于团队的集体权利。对开源软件项目的源代码作出贡献的参与者同意，其源代码在对该项目有贡献时将成为该通用公共许可证（GPL）的一部分并受通用公共许可证（GPL）条款的支配。

❹　Don Tapscott and Anthony D. Williams, *Wikimonics—How Mass Collaboration Changes Everything* (U. S. : Atlantic Books, 2006), 93.

❺　Ibid. , 94.

证技术和科学的巨大变化的同时，这些技术和科学正在快速发展，公司正在以无法预料的方式使用和部署新的知识。许多聪明的公司通过使用同行生产和开放的创新，使更多的人参与开发更新的"想法"。

（2）促进对互补产品的需求：鼓励开放创新和同行生产的公司可以促进对互补产品的需求，并提供机会创造额外的价值和知识产权。就像维基百科（Wikipedia）越来越受欢迎，这使它的创始人吉米·威尔士（Jimmy Wales）确信维基百科品牌的图书可能有市场。

（3）降低成本：通过开放创新和同行生产，企业可以节省很多钱。在本章中，我们将看到 IBM 和其他大公司如何通过采用这种模式节省了数百万美元。

（4）改变竞争点："在自己的非核心领域同时却是竞争对手的核心领域发布知识产权，可以削弱对手对你所依赖资源的垄断能力。"在软件行业，发布代码已经使 IBM 和红帽公司（Red Hat）能够将竞争点从操作系统迁移到应用程序、集成和服务。[16]

开放式创新的另一个重要原则是，企业应该从其他人使用它的知识产权中获利。当其他企业的知识产权有利于自己的商业模式时，企业也应该购买这个特定的知识产权。[17]

案例研究

IBM 和开放式创新

开放式创新迫使有智慧的企业重新审视其战略管理。它们正在学习如何与开放式创新现象共存与获利。"如果有一家公司证明了这一可能性——伴随着深刻而痛苦的转变，那么它就是 IBM。早期进入开源的 IBM 为任何试图利用同行生产的人提供了经验。"

IBM 已经接受了开放式创新，这种方式也让许多企业敢于挑战。IBM 不是在其处于垄断地位时采取开放式创新模式。由于许多操作系统都出现故障，IBM 曾经历了艰难的时期，同时 IBM 在与微软（Microsoft）和太阳微系统（Sun Microsystems）等对手的长期竞争中处境也很艰难。

IBM 在一项被称为很异端的行动中，开始对开源软件表现出兴趣，通过捐赠大量的资金和专有软件代码，并建立团队来帮助开源社区的 web 服务器，如

---

[16] Don Tapscott and Anthony D. Williams, *Wikimonics—How Mass Collaboration Changes Everything* (U. S. : Atlantic Books, 2006), 93.

[17] Ibid.

Apache 和 Linux 操作系统。

如今，IBM 依靠自己在开发类似 Linux 的操作系统上节省了数十亿美元。同样地，由于 IBM 的投资，Linux 服务和硬件的收入也达到十亿美元。IBM 对开源的支持使 IBM 比那些竞争对手有了很大的飞跃，如对操作系统软件收费的微软和太阳微系统等，IBM 从帮助 Linux 中获得的好处是很多的。现在让我们看看 IBM 是如何获得它的帮助的。我们都知道 IBM 的业务模式是销售硬件服务器、软件和服务。Linux 提供了操作系统（微软的竞争对手），这些系统或多或少是 IBM 的互补产品。现在，我们仔细看一下经济学原理。

如果一个互补产品的价格下跌，我们就可以抬高自己的产品价格，卖出更多的产品。通过帮助 Linux 获得或使用知识产权，IBM 可以帮助 Linux 获得比微软更大的优势，并鼓励更多的人使用 Linux。由于 Linux 几乎是免费的，这将降低操作系统的平均价格，使 IBM 作为诸如硬件、软件和服务等互补产品的销售商获益。英特尔为了降低与微处理器互补的产品的价格，在培育硬盘和内存的硬件制造商之间的竞争中采用了同样的策略。

谷歌和开放式创新

我们都熟悉谷歌在 21 世纪初推出的产品——谷歌地图。谷歌地图的高质量卫星图像使人们更容易找到位置。谷歌惊奇地发现，世界各地的人们都在使用创新性的想法，并反向设计了谷歌地图应用程序为他们提供的服务。

无论是起诉这些人，还是为更多的创造力敞开大门，谷歌都将处于一个两难的境地。它决定开放其应用程序编程接口（APIs），以利用大规模的外部思想和人才。谷歌的这种做法已经持续了一段时间，在这个过程中，它可以比那些内部结构集中的公司更快地开发创新。

在谷歌打开地图应用程序编程接口之前，已经有几个混搭应用程序被创建，包括著名的保罗·拉特马赫（Paul Rademacher）的房屋地图，他开发了一个应用程序编辑接口，将大众喜爱的克雷格列表网（http：//www. craiglist. com）的房屋广告层放到谷歌地图上。

谷歌很愉悦地发现，在 Web 2.0 中，房屋地图应用程序做得很好。这是免费的宣传和免费的产品原型，他们在保罗·拉特马赫身上看到了一个前途无量的天才，谷歌很快雇用了他。通过采取这一举措，谷歌获得了一个想法（房屋地图），这个想法现在已经在其知识产权库中了。此外，谷歌还省了其内部研发对抗拉特马赫房室地图的技术所需的大量资金。

亚马逊和开放式创新

亚马逊（http：//Amazon. com）也加入了这一浪潮，在企业界的各个领域都掀起了一场革命。每个人心中的问题是，一个互联网零售公司如何从开放创新中获益？答案就在这里！

亚马逊已经向其电子商务引擎开放了应用程序编程接口，邀请外部参与者成为其平台上的共同程序员和共同开发人员。如今，从根据主要广播电台轮流播放的热门歌曲 CD 目录的网站，到使 MSN 和 AOL 用户能够向 Amazon BOT（一个运行自动化任务的软件）发送指令请求并向有关产品链接的人发送消息的即时消息应用程序，亚马逊内部有独创性的应用程序都不是由其内部人员开发的。

另一个问题是，为什么开发者会为亚马逊开发这样的程序？原因很简单：亚马逊是世界上最大的在线零售公司，客户数量达数百万。对于软件开发人员来说，它是一个巨大的客户。人们可能认为，亚马逊会保护大多数由外部人才开发的编程接口。答案恰恰相反。只有不保护，更多的数据才会被投放到开发人员手中，这样一来，将会构建出越来越多有趣的工具和应用程序。这反过来又会帮助亚马逊，因为它看到更多的流量进入它的网站，更多的点击最终获得更多的购买。

保　护

价值链的第二阶段是保护，这在本书第一章中已有详细的讨论，尽管讨论只涉及法律保护。法律保护对于保护企业的知识产权免于被对手侵犯至关重要。对手可能侵犯企业的知识产权或者围绕其创造工作并受益。知识产权保护可以通过结合法律和企业的营销/商业战略来实现。在今天的业务中，企业的法律部门与其他部门并不孤立运行。为了获得知识产权资产的最大优势，营销/业务开发团队以及法律团队必须作为一个单元工作。

一个典型的不保护公司知识产权的例子是施乐公司，它是第一个发明图形用户界面（GUI）的技术公司。GUI 后来成了苹果操作系统和微软的 Windows操作系统的基础。由于没有为 GUI 申请专利，施乐公司输给了竞争对手苹果和微软。[18] 这是一个可怕的错误，因为作为一项专利的 GUI 技术将会给施乐带来数十亿美元的收入。

为了保护知识产权，公司采用知识产权和营销策略相结合，为其竞争对手和侵权者制造入口障碍。除了入口障碍之外，企业还参与了"专利墙战略"等战略，这将在接下来的章节中讨论。一些公司参加知识产权保险（在第六

---

[18] Kevin G. Rivette and David Kline, *Rembrandts in the Attic* (Boston：HBS，2000)，99.

章讨论知识产权风险管理），以补偿诉讼费用。[19]

像戴尔这样的公司试图利用其竞争优势并取得了成功。戴尔在其著名的创新商业模式上获得了近42项专利："打造订单"直销业务模式。戴尔的优势在于其销售、分销和为其生产的个人电脑提供售后支持的创新系统。戴尔的专利涵盖了客户可配置的在线订购系统，其中包括该系统与戴尔持续的制造、库存、分销和客户服务运营流程相结合的方法。最近，戴尔利用其强大的商业方法专利库来增强其市场优势。戴尔将这些专利用作与IBM的一宗160亿美元的PC制造业务的低成本组件的交叉许可协议（见第七章知识产权许可）的抵押品。这一举措虽然使戴尔不得不向IBM支付数百万美元的特许权使用费，但这最终有助于使戴尔的产品更具价格竞争力。[20]

知识产权管理

企业可能拥有较大的知识产权库，但如果管理不当，企业将无法获得大型知识产权库所提供的所有好处。施乐就是一家这样的公司，虽然拥有大的知识产权库，但无法获得同等的收益。很多人不知道施乐在20世纪60年代和70年代几乎发明了现在的个人电脑的各个方面，包括Windows和苹果公司所基于的图形用户界面，以及鼠标、激光打印机、计算机网络、互联网协议、位图图形和电子邮件。尽管在计算机技术方面取得了深刻的成就，但施乐公司仍然被称为复印机公司，因为它无法对这些新技术进行商业化或保护。[21]

施乐失败是因为知识产权管理不是很强。虽然它在20世纪90年代试图采取措施，但公司中仍然没有人能够保证在其知识产权库中的8000项专利中有多少具有商业价值或战略价值。施乐的知识产权管理很差，高管们完全知道侵犯其专利的非法活动正在进行，却没有采取措施阻止[22]（更多关于知识产权管理的内容在第四章）。

[19]　Vinod V. Sople, *Managing Intellectual Property—The Strategic Imperative* （New Delhi：Prentice Hall of India，2006），28.

[20]　Kevin Rivette and David Kline, *Discovering New Value in Intellectual Property* （Boston：Harvard Business Review，2000），Reprint R00109，5.

[21]　Xerox-Strategic　Mistakes　by　CEO　http：//www. beknowledge. com/wpcontent/uploads/2011/01/a87ffXerox%20%E2%80%93%20Strategic%20Mistakes%20by%20CEO. pdf.

[22]　Kevin G. Rivette and David Kline, *Rembrandts in the Attic* （Boston：HBS，2000），60.

商业化

选择知识产权进行商业化

拥有知识产权库，但没有制定策略最大化该知识产权库效用的企业是普遍存在的。在进行商业化之前，企业应该像其他任何资产一样评估各种形式的知识产权。一家企业应该问自己的根本问题是：知识产权库中的哪一个知识产权将使其实现目标？这些问题可能包括：

（1）知识产权的商业化能否使企业实现和保持竞争优势？知识产权能使企业与竞争对手区分开来吗？

（2）能否使企业获得市场份额？

（3）知识产权能否使企业采取进一步的战略举措？

（4）是否具有最佳的成本/风险/效益分析？

（5）是否能够实现更广泛的公共政策目标，例如为印度谋利益？

事实上，在某些情况下，将知识产权商业化可能并不会更好，而最好将其隐藏起来，直到其他可能带来新机会的技术被研发出来。或者，如果企业相信其竞争对手一旦意识到它在进行新的开发，就能在技术竞赛中迅速赶上，那么对知识产权保持沉默可能有助于企业保持竞争地位。

知识产权商业化资产的选择必须按照明确的标准进行。随着企业战略方向的发展，这些标准可能随着时间而变化。它可能根据知识产权的性质而有所不同。可能取决于以前的商业化活动的成败或企业的预算限制。

如果商业化的目标比"单纯"的收入更广泛，那么上述标准可能需要重新审视。特别是，公共部门将会有其他的考虑因素，因为它们的角色是为"公共利益"提供成果。对于这些机构，下列标准可能是相关的：

（1）为了公众的利益应用该技术。

（2）产业或公众对该技术的应用。

（3）促进与其他企业的联盟。

上述标准中的大多数可以由企业本身进行评估。最常见的难题在于评估技术的市场潜力。这种评估通常涉及对影响技术需求的因素的理解，包括对可能影响技术供应的因素的理解。获取信息以评估这些因素可能是困难的，因为对于大多数企业来说，获取准确的信息是极难的一件事。因此，该企业将需要使用网络，并可能需要聘请顾问来调查相关市场，特别是海外市场。

将知识产权资产的排名用于商业化目标可能适用于知识产权评估标准。然后，应该对实现商业化目标可能涉及的成本进行估算，包括进一步开发、咨询、法律和会计服务、知识产权保护或处理知识产权诉讼。最后，企业应评估知识产权资产商业化的风险，这可能包括诉讼、未能保留核心员工、未能保护技术的知识产权或由于延迟而丢失的机会等竞争行为的威胁。

知识产权商业化：Unidyne 案例研究

在我们进入本章下一节讨论知识产权战略之前，先来看看从事制造各种工业热能系统的 Unidyne 能源环境系统公司。1999 年，Unidyne 公司与开发了矩阵热回收体（MHRU）设计的印度发明家米兰达·莱恩博士（Milind Rane）签署了谅解备忘录（MoU）。MHRU 用于从发动机、锅炉或熔炉中的热气体和/或蒸汽中回收热量。Unidyne 在该专利申请中看到了价值，此时该专利申请仍未被专利局授予专利。莱恩博士通过该备忘录向 Unidyne 公司授权制造和销售MHRUs。该专利于 2004 年获得批准，目前正在被印度的 45 家公司使用。对于Unidyne 公司来说，该协议是提升其产品组合的工具。对于莱恩先生来说，许可提供了一种将本发明商业化的途径。从首付款和许可费中产生的收入有助于其他发明的开发。

知识产权战略

大多数企业都有多种知识产权战略，从无形资产中获得最大的收益。让我们看看企业遵循或应该遵循的各种战略。本节分为三个不同的标题：

（1）专利战略。

（2）商标战略。

（3）版权战略。

专利战略

专利可以以各种方式用于排除他人在市场上竞争或开发竞争性技术。这些策略有时被称为"专利闪电战"，可以包括：[23]

（1）"保护伞专利"：专利广泛地用以防止类似产品的开发。这种策略被用于制药行业，制药公司开发一种特殊的药物，并获得这种特殊药物的一般化合物的专利保护，且还获得使用该化合物治疗特定疾病或病症的方法的保护。

---

[23]　See Dunford, 123, citing B. J. Stern, "Science and War Production" (1943) 7 *Science & SOC* 97, 100 – 101.

通常，可以获得额外的专利来有效延长专利期限和市场排他性。应该注意的是，一旦化合物被授予专利权，那么它就成为现有技术，当企业寻求额外的专利保护时，企业必须考虑这一点。因此，新的专利保护通常包括原始专利中没有公开或建议的药物的一些改进或新用途。❷ 制药巨头 Liliy 公司为一种名为"百忧解"的抗抑郁药物采用了这种策略。Liliy 公司面临"百忧解"专利的到期，因此该公司采用了"保护伞专利"策略，并对一种曾经是每周一次持续发布的"氟西汀"配方获得了专利保护。

另一个例子是，葛兰素史克获得了偏头痛治疗药物的额外专利，该药物每年为葛兰素史克带来超过 10 亿美元的销售额。原来的偏头痛药物于 2006 年到期，因此葛兰素史克开发了一种新的药物配方，并获得了专利保护。❷ 这种战略也被称为"常青"（evergreening），品牌制造商通过获得对该药物多种属性的 20 年专利期限，获得专利保护。在"常青"期间，企业的管理人员不会等到最后一刻才开始对药物的不同属性进行专利化。为了最大限度地提高产品的收益，管理层不仅开始发展专利战略，而且开展了旨在限制竞争或延迟竞争对手进入的一系列做法。❷

（2）"瓶颈专利"：一种控制发明使用的策略，没有这种策略，行业将无法运作。这个策略在 20 世纪 90 年代末被 Amazon 采用，当时它是著名的"一键式"技术专利。Amazon 的"一键式"技术帮助客户只需点击一个按钮即可购买产品，而不是在零售网站上填写不同的表单。该专利的写法如此广泛，"竞争对手不仅被禁止模仿代码，而且禁止在它们的网站上添加一个单一的点击功能，而不管它们如何实现。"❷ 瓶颈专利不仅是为了商业化目的，而且被用来阻止竞争对手进入市场。

（3）"专利墙"：如果企业开发多种设计，实现了相同或基本相似的功能，企业可以选择将其全部申请专利，即使其生产只依赖于其中之一。被开发的专利可能是最难绕开的专利。多年来，吉列（Gillette）自从开发双刀片传感器剃须刀起一直在实施这一策略。❷ 围绕某一特定产品构建的专利墙有时被称为

❷ Spruill W. Murray, "Strategies for Extending the Life of Patents" (May 1, 2005) available at http://www.biopharminternational.com/biopharm/article/articleDetail.jsp? id=150834.

❷ Ibid.

❷ Vinod V. Sople, *Managing Intellectual Property—The Strategic Imperative* (New Delhi: Prentice Hall of India, 2006), 32.

❷ Richard L. Brandt, '*One Click*' *Jeff Bezoz and the rise of http://amazon.com* (U.S.: Portfolio Penguin, 2011), 13.

❷ Kevin G. Rivette and David Kline, *Rembrandts in the Attic* (Boston: HBS Press, 2000), 109.

集群。

据吉列公司研发副总裁约翰·布什所说，吉列七个版本是由吉列为其双刀片传感器设计的，所有的设计均进行了全面专利检索，这是一项艰巨的任务，但最终吉列决定进行设计，使潜在的竞争对手难以绕开。❷⁹

著者同意作者里维特（Rivette）和克莱恩（Kline）的观点，他们在《阁楼上的伦勃朗》（*Rembrandts in the Attic*）中写道："如果你（企业）想要主导产品，那就支持占主导地位的专利。"只有这样，企业才能确信它的产品将会在市场上表现得很好。❸⁰ 通过建立"专利墙"，公司会感觉受到免于被诉的保护，且"专利墙"给予公司在可能发生的诉讼当中起诉的优势。吉列公司多年来一直为其所有剃须刀，包括双刀剃须刀、马赫 3 号等剃须刀创造了 20 多项专利。仅几年前推出的一项吉列融合剃须刀就有一个超过 70 项专利的专利库。❸¹

有些人可能说，"专利墙"并不是用来保护专利的正确术语。通过为一项单一发明获得大量专利，企业正在围绕自己创造一个"护城河"。这样，竞争对手可能希望掌握这项技术，但由于围绕这项技术或发明设计了"护城河"，所以它们不可能这样做了。

市场本身可以为专利战略提供机会。市场对现有专利产品原型的反馈可以为创新提供改进机会，这反过来又会导致"专利墙"的扩展，或者如果有足够的新发明创造新的专利基础。

（4）"包围策略"：有时，通过这个包围的过程，专利也可以被用来超越竞争对手的市场领先地位。包围是指通过提前跳跃和竞争来开发和递送破坏性技术。在电话行业中可以看到包围的例子，比如无线电话包围了用电线连接到其基本单元的电话。在这种情况下，参与包围策略的公司专注于开发破坏性技术来阻止竞争对手并使其产品过时。❸²

（5）"扼杀战略"：有一些公司通过使用一种我们称之为"扼杀战略"的方法来保护它们的知识产权。公司在市场上推出了一种更为复杂或增强版本的产品。通过这样做，公司推出了一种更好的产品，减少了其他竞争对手推出类

❷⁹　Kevin G. Rivette and David Kline, *Rembrandts in the Attic*（Boston：HBS Press，2000），109.

❸⁰　Ibid.

❸¹　Anders Sundelin, "Business Model Example：Gillette—The Razor and Blade Business Model"（December 10, 2009）available at http：//tbmdb. blogspot. in/2009/12/business-modelexample-gillette-razor. html.

❸²　Lindsay Moore and Lesley Craig, *Intellectual Capital in Enterprise Success：Strategy Revisited*（Hoboken, NJ：John Wiley & Sons, 2008），127.

似产品的威胁。通过在市场上推出更好的产品版本，该公司在未来几年将垄断市场。苹果等科技公司采用了这一策略。在触摸屏智能手机市场上，苹果每 8～10 月就会推出一款新的、更好的 iPhone。它不允许其他公司在特定的时间范围内带来更好更快的产品，从而获得市场垄断。

（6）"专利收购"：当今企业也已经进入专利收购的时代。在过去，公司一直都是这样做的，因为它们拥有庞大的专利库，而且从长远来看，知识产权库将对它们有利。其中一家公司就是谷歌，它最近以 125 亿美元收购了摩托罗拉移动，获得了 1.7 万多项专利，并在硬件行业发展壮大。据分析，谷歌的这一策略是建立其手机世界地位的下一步，以便通过手机和平板电脑分发谷歌产品和服务。❸ 还有其他手机公司，都在争先恐后地从各公司购买专利。包括苹果、易安信、爱立信和加拿大移动研究公司（黑莓手机的制造商）在内的财团在 2011 年 6 月以 45 亿美元的价格收购了破产的电信设备制造商北电的剩余专利库。微软和索尼也是该财团的成员之一，该财团拥有销售无线、无线 4G、数据网络、光纤、语音、互联网、服务提供商、半导体等领域的 6000 多项专利和专利申请。❹ 从长远来看，这种专利策略对公司有利，因为它提供了一个扩大领域的"杠杆"，从而可以产生巨大的收益。还必须指出，并不是所有的公司都可以遵循这一策略。只有具有财力的企业能遵循这一策略，如前面提到的例子，因为收购是一个昂贵的建议。

专利收购策略的另一个例子是，Facebook 目前从 IBM 和美国在线（AOL）收购专利。此次收购将有助于 Facebook 抵制雅虎公司最近针对专利侵权提出的任何索赔。这种对旧专利的收购为 Facebook 在这些专利侵权诉讼中提供了一个杠杆。Facebook 从美国在线购买的专利也是 Facebook 开拓电子业务方向的生动的说明。据说从 IBM 收购的专利涉及网络和软件领域，而美国在线的专利涉及电子邮件、即时通信、网页浏览、搜索广告、手机和电子商务。

Facebook 对这些专利的收购表明，企业也会因为长期的业务计划而购买专利，并且希望在其竞争对手的侵权诉讼中保护知识产权。大型专利库使得任何竞争对手难以对企业提出侵权索赔，并使竞争对手容易受到 Facebook 本身的侵权诉讼。这样的专利收购帮助 Facebook 在未来与谷歌在社交网络、手机和电子商务方面保持竞争。

---

❸　Brian Womack and Zachary Tracer, "Google to Buy Motorola Mobility for ＄12.5 Billion to Gain Wireless Patents", (August 16, 2011) available at http：//www. bloomberg. com/news/2011 – 08 – 15/google-agrees-to-acquisition-of-motorola-mobility-for-about-12-5-billion. html.

❹　"Apple, RIM in Consortium Buying Nortel's Patent Portfolio", (July 1, 2011) available at http：//www. itnews. com. au/News/262378, apple-rim-in-consortium-buying-nortels-patentportfolio. aspx.

（7）保护性专利：在保护性专利战略中，为了保护其主要发明，企业提交了大量的专利，这些专利封锁了竞争对手发明类似功能产品的其他途径。这种策略也可以被称为"进攻性"。有时候，保护性专利或封锁性专利是指技术不好的专利，如果没有得到妥善的保护，可能威胁企业专利库内的主要发明。经常发生的是，一家企业已经尝试了各种替代方案来开发技术，因此对其他竞争对手可能采取的方法非常了解。保护性专利战略是为每条替代路线识别实现性技术，然后通过专利来保护它们。施乐在采用这一策略来保护其旗舰性复制发明方面发挥了重要作用。**❸❺**

（8）防御性专利：在这种策略中，需要对企业的竞争对手进行完整的分析。该企业应该在其竞争对手的专利库中找到差距和漏洞，然后创新填补这些差距并申请专利保护。这样一来，企业就可以摧毁竞争对手的优势，或者坚持要成为新产品推出的合作伙伴。防御性专利战略的例子是，惠普在针对用户界面技术专利侵权时向施乐提起诉讼。这是在施乐向惠普提起喷墨专利侵权诉讼仅两周之后完成的。对于防御性专利战略，企业应该有一个很好的专利库，可以为建立合法的对峙发挥作用，从而使双方能够在不产生巨大成本的情况下解决问题。**❸❻**

用里维特和克莱恩的话说，"如果专利是未来商业战争的智能炸弹，那么那些没有开发出进攻性和防御性专利策略的公司将会面临危险。"**❸❼**

商标战略

商标不像专利，如果企业不正确使用其商标，则注定会失去其商标权。使用是商标法的重要内容。因此，涉及商标的策略必须确保商标被一直使用，并且每 10 年进行续展注册。以下是全球各公司采用的一些商标策略。

（1）互补策略：有些公司既使用专利，也使用商标策略来保护其知识产权资产。例如，阿司匹林被开发为一种药物，在 21 世纪初就长期失去了专利保护。然而，拜耳公司（Bayer AG）创造了一个强大的品牌形象（更多见第六章中的品牌形象），并得到了"阿司匹林"一词的商标保护。由于商标可以无限延长，这对拜耳公司来说是一个福音，它在围绕阿司匹林的品牌形象价值

---

❸❺ R. Preston McAfee, *Competitive Solutions: The Strategist's Toolkit* (Princeton, NJ: Princeton University Press, 2002), 84.

❸❻ Ibid., 85.

❸❼ Supra note 27, 12.

方面赢得了巨额收入。仅在 2010 年，阿司匹林就为拜耳创造了 7.66 亿欧元收入。❸

（2）闪电策略：那些拥有非常受欢迎品牌的企业使用闪电策略来保护它们的商标。在这种策略中，企业在尽可能多的类别中注册它们的商标。Facebook 在中国采用了这一策略，尽管它不允许经营，但已经在为中国蓬勃发展的互联网市场准备着一场大规模的攻势。Facebook 在中国申请了 60 多个中文或英文商标，❹ 从表 2.2 可以看出，Facebook 已经申请了各种商标，包括 9 类软件，25 类服装等。Facebook 不仅在英语市场注册了商标，而且还以中文（普通话）语言注册了"脸书"商标。这一策略是独一无二的，因为在进入市场之前，没有多少公司在其现有的商标库上注重商标的本土化。Facebook 的商标策略表明，外资企业已经意识到品牌本土化的重要性。❹

表 2.2　Facebook 在中国的商标组合❹

序号	名称	类别	申请者
1	Facebook	9、25、35、38、42	Facebook 公司
2	Facebook	9、35、36、38、41、42、45	Facebook 英国有限公司
3	F	9、35、38、41、45	Facebook 公司
4	The Facebook	35、38	Facebook 公司
5	脸书（Facebook 的汉语翻译之一）	9、35、36、38、41、42、45	Facebook 公司
6	面书（Facebook 的汉语翻译之一）	9、35、36、38、41、42、45	Facebook 公司
7	飞书博（Facebook 的汉语同音翻译）	35、38、42	Facebook 公司

（3）单一商标策略：在这种策略中企业使用它们最重要和最受欢迎的商标，也就是它们自己的名称。该策略有助于企业围绕其所有产品塑造品牌形

❸　Alain Strowel. "Bayer's Aspirin：A Lasting Success Without Patent and Strong Trademark Protection",（October 28, 2011）, http：//www. ipdigit. eu/2011/10/bayers-aspirin-a-lasting-successwithout-patent-and-trademark-protection.

❹　Luo Yanjie, "Facebook's Trademark Strategy in China, Sounds Smatter than Apple",（February 26, 2012）, available at http：//technode. com/2012/02/26/facebooks-trademarkstrategy-in-china-sounds-smarter-than-apple.

❹　Ibid.

❹　Ibid.

象。英特尔是一家为所有产品采用单一商标战略的公司。❷

（4）家族商标策略：世界各地的公司都使用通用商标来关联它们所有的产品。这样做可以将产品与企业商标组合中最强大的商标联系起来。麦当劳在快餐行业采用类似的策略，其中使用"McCafe""McChicken"和"McPuff"等商标。商标"Mc"被用作与其他产品（如所提及的产品）相连接的常见元素。❸ 最近，麦当劳成功地实施了这一策略，成功地打赢了一场与 Comercial Losan 的官司，后者曾申请商标"McBaby"。法庭认定这样的商标可能会导致人们头脑中的混淆，人们可能会将"McBaby"与早期用于快餐巨头拥有的相同或类似商品和服务的类似商标（McKids）相混淆。❹

（5）伞形商标：在这种策略中，有许多业务的企业实体在许多不同的商标中使用单一名称。它与家族商标战略相似，唯一的区别就是各个行业之间使用单一名称，而不是相互联合。❺ 例如，理查德·布兰森（Richard Branson）的所有公司都使用 Virgin 这个词，例如 Virgin Mobile、Virgin Atlantic、Virgin Games 等公司。❻

（6）商标互补策略：此策略与之前讨论的互补策略不同。在商标互补策略中，公司的主要商标用于其所有产品，其中二级标识用于特定的某些产品。微软采用这一策略，在所有产品上使用"MICROSOFT"，在软件行业具有独特功能的特殊产品上使用"INTERNET EXPLORER""WORD""WINDOWS"等二级标识。❼

（7）二级商标作为主要商标：在此策略中，企业的二级商标作为主要商标，因为该企业的一级商标没有被用于产品的品牌推广。快速消费品行业的宝洁公司就采用这种策略。宝洁公司使用名称商标如汰渍、奈奎尔，但对其产品不使用宝洁。❽ 购买宝洁产品的客户通常将产品与其名称相关联，而不是生产它们的公司。

---

❷ "DLA Piper's Intellectual Property Critical Issues"; available at http：//www. nvca. org/index. php? option = com_ docman&task.

❸ Christine Greenhalgh and Mark Rogers, *Innovation*, *Intellectual Property*, *and Economic Growth* (Princeton University Press, 2010), 165.

❹ Comercial Losan SLU v. Office for *Harmonisation in the Internal Market* (*OHIM*), (Case T-466/09, July 5, 2012).

❺ Supra note 52.

❻ See Virgin's trademarks on its web site http：//www. virgin. com.

❼ Mark Radcliffe and Peter Astiz "Best Practices in Managing Innovation and IP for Tech Companies", (December 16, 2011) available at http：//www. insidecounsel. com/2011/12/16/technology-best-practices-in-managing-innovation-a.

❽ Ibid.

版权战略

授予创作作品的版权通常可以获得长时间的保护。个人和企业如果能够巧妙地使用这种长时间的保护措施，就可以获得巨大的经济利益。以下是一些公司多年来一直采用的版权策略，并获得了巨大的经济回报。

（1）版权、商标和外观设计互补策略：虽然商标保护起着非常重要的作用，但版权保护也是必要的。体育公司经常采用版权策略来获得市场占有率和受欢迎程度。滥用艺术设计，包括专营权的标志设计，在伏击营销和替代广告中滥用团队运动衫，可能会破坏公司品牌的营利能力或诚信度。球衣和商品受1957 年版权法的保护，因为球衣包括版权所依存的艺术作品。应当注意保护1911 年设计法下的商品和运动衫。不依照这些法律保护商品和服装，将会导致大量质量低劣的假冒商品出现在市场上。这最终会破坏品牌，并在收入方面造成特许经营的大量损失。❹ 印度超级联赛加盟商采用了这一互补战略。

（2）版权衍生策略：当一个人或一家企业获得一份手稿、一首歌、一部戏剧或电影的版权时，他也会获得被称为衍生权的附加产品。衍生权被赋予以确保有足够的动力去创造新的工作。例如 J. K. 罗琳的《哈利·波特》系列小说，J. K. 罗琳凭借对小说的版权，她还获得了额外的衍生权，这些衍生权产生了大量的下游收入。这些衍生权是与（a）电影、（b）服装、（c）视频游戏、（d）棋类游戏和（e）商品销售相关的独家权利。❺ J. K. 罗琳通过版权衍生策略与华纳兄弟（Warner Bros）一起拍摄《哈利·波特》电影系列，创造了数百万美元的票房。J. K. 罗琳是世界上唯一一个通过哈利波特系列作品和开发衍生权而获得 10 亿美元的作家。她创造了标志性的哈利·波特品牌，价值超过 150 亿美元。❺ 所有这些都是源于衍生策略。

---

❹ Rodney D. Ryder and Ashwin Madhavan，"Intellectual Property League"：The Importance of IP in the Indian Premier League"，*Journal of Intellectual Property Law and Practice IV*，no. 12，901 – 903.

❺ Paul Flignor and David Orozco，"Intangible Asset & Intellectual Property Valuation：A Multidisciplinary Perspective"，available at http：//www. wipo. int/sme/en/documents/ip_ valuation. htm.

❺ Judith Aquino，"How Harry Potter Became A ＄15 Billion Brand"，（July 13，2011）available at http：//www. businessinsider. com/jk-rowling-business-methods-2011-7#.

第三章
知识产权防守立场

"实施是知识产权管理的一部分。"实施的目标之一是让公司建立一个有诉讼意愿，并与诉讼成本上升的意识相平衡的声誉。❶

阅读本章后，您将能够

❖ 了解有关实施的常见问题

❖ 了解知识产权实施的过程

❖ 理解 Mareva 禁令、John Doe 命令、Norwich Pharmacal 命令和 Anton Piller 命令的含义

❖ 理解停止与终止函的含义

❖ 了解企业需要采取什么样的诉讼策略来实施其知识产权

❖ 了解与知识产权实施有关的调解和仲裁

❖ 了解商标、版权、专利、外观设计、植物新品种和电路布图侵权行为

世界上几乎所有司法管辖区的诉讼都需要时间、耐心以及最重要的金钱。然而，如果对诉讼的处理更加谨慎并将此作为企业商业目标的一部分，那么我们强烈推荐这种方式。

1996~2004 年，印度专利、商标和外观设计注册方面的诉讼案件平均比例约为 0.04%。1988 年，美国的这一数字约为 1%。❷ 造成这一低比例的原因之一可能是企业侵犯知识产权的行为并不普遍，但是还没有充分的统计数据来

---

❶ Julie L. Davis and Suzanne S. Harrison, *Edisonin the Board Room* (New York: John Wiley &Sons, 2001), 40.

❷ Kevin G. Rivette and David Kline, *Rembrandts in the Attic*, *Unlocking the Hidden Value of Patents*, (Boston: Harvard Business Review, 2000), 47.

确定是否如此。

公认的事实是，由于上述原因，一些知识产权所有者没有得到鼓励并积极地行使他们的权利。然而，我们不应就此认为所有人的行为方式都是相同的。绝大多数知识产权所有者不必在提交法庭文件或进入证人席的情况下，实施他们的知识产权。在许多方面，正是这些商业组织最大化其知识产权实施战略。

作为知识产权管理和支持知识产权商业化的一部分，知识产权实施的重要性是毋庸置疑的。一家企业不仅要有实施知识产权的信心，也要积极主动寻找侵权者以推动商业目标的实现。与管理业务的许多其他方面一样，诀窍在于找到平衡。

关于实施的常见问题

印度的每项涉及知识产权的立法都在某种程度上立足于实施相关知识产权的各个方面进行规定。以下是一些常见的主题。

未经授权而行使垄断权

知识产权的实施是为了维护企业在竞争对手中的垄断地位或竞争优势。在这方面，它可以行使基本的经济权利确保没有其他个人/企业利用它所付出的努力获得这些权利。在任何涉嫌侵权行为的场合，都是研究涉嫌侵权行为，并将其与该企业拥有的垄断权进行比较的案例。只有在比较侵权行为之后，企业才能采取下一步措施处理侵权行为。一般来说，最好且最简单的选择是向法院起诉。除了把案件提交法院外，还有其他方式来处理这些侵权行为。这将在接下来的内容中讨论。

防守性行动

每项知识产权立法都规定了对侵权行为的各种防御。这个是分析该企业实施其权利后果的第二步。在采取防御措施时要注意的一个重要问题是，要知道被指控侵权人的侵权程度。基于这些原因，免责声明和通知的使用变得非常重要。

对注册授权提出异议

在正式的注册知识产权过程中，竞争对手有权利对企业的注册授权提出异议。这样将延迟企业的知识产权授权。当然，有一些规则阻止各方采取轻率的行动。然而，知识产权已经变得如此复杂，法院很难断定竞争对手提出的观点是轻率的或者是缺乏实质性的。

例如，如果我们在相关专利中看到这一点，那么异议程序中提供的信息不能保证被保密。在这种情况下，企业陷入进退两难的境地，这里出现了两个重要问题：

（a）由于法院有权压制发布保密信息，是否可以绕过听证会并将案件直接交由法庭审理？

（b）另外，企业是否在不提交相关信息的情况下提出异议？因此，就有可能面临因为没有提供关键信息而失去异议资格的风险。

挑战注册

被告在知识产权实施过程中对公司所宣称的知识产权的有效性提出质疑。关于知识产权的注册形式，这可能涉及反诉，即以注册并没有满足有关规则为由，请求撤销登记。

知识产权在激烈的乱战中丧失的风险增加了知识产权实施的复杂性。企业可能发现主张权利比采取实际行动或诉讼更有价值。这是因为在许多情况下，律师函足以达成一个可接受的结果。通常情况下，这取决于企业有多大实力。

国际问题

从知识产权商业化中抓住"大鱼"的真正机会在于打入国际市场。在这些市场中，确保知识产权的安全是复杂且昂贵的，而且在这些司法管辖区实施这些知识产权也是复杂和昂贵的。每个国家都有权依据自己的法律。如果知识产权在国外被海外竞争对手侵犯，那么印度的企业就面临着在另一个不熟悉的司法管辖区提起诉讼的暗淡前景，同时也担心外国法院可能对印度企业怀有敌意。一个更重要的方面必须牢记于心，像美国和欧洲这样的国家和地区比印度要贵得多。最后，国际知识产权的实施通常是在与已建立的竞争对手进行斗争的背景下进行的。印度知识产权所有者在海外市场拥有强大的市场地位是相对罕见的。在这些海外市场实施这些知识产权通常需要对已经拥有竞争优势的竞争对手提起诉讼，并利用其财务实力来拖延诉讼和操纵法院系统，从而享有显著优势。

法院的专业性

如果一家企业要为实施其知识产权而做出牺牲，那它就需要有信心，听证会的法官不仅能理解知识产权法律，而且很熟悉这一高度专业化的法律领域所涉及的技术问题。印度的法律体系并不具有专门针对知识产权的部门。虽然国家司法学院正在寻求建立专门的领域，但法官在知识产权问题上的传统分配并不是以专门知识为基础而进行的。这可以与美国成立特定法院以处理知识产权问题和诉讼的立场进行比较，因为美国联邦政府认识到知识产权制度对于经济增长的重要性。

先例价值

为了推进实施行动，企业必须确定其开展业务的市场是否注意到这种行动？或者采取行动是否具有诉讼将赋予的先例价值？当然，这对企业来说是一把双刃剑。行动的成功可能足以驱使侵权者和竞争对手远离市场，失败则可能导致其业务的崩溃。因此，当务之急是企业在整个业务范围内对其知识产权实施策略进行彻底的评估。在这种高风险的情况下，该企业的知识产权顾问通常会采用高级律师的建议。在知识产权诉讼方面经验丰富的高级律师通常都是价值千金（而且通常也物有所值）。他们在决策过程中有丰富的经验，经常在法庭上尤其是针对相关的法官论证相同或相似的案例，特别是相关的法官。他们不仅能够有助于确定成功的前景，而且与大多数诉讼的情况一样，能够极大地协助确定适当的解决时机和和解条款。

救　　济

各种形式的知识产权立法都规定了对一家企业成功实施其知识产权而采取的救济措施。这些救济包括 1970 年专利法第 111 条规定的获得损害赔偿或由原告选择的利润损失（由原告选定）的权利。此外，知识产权所有人可以寻求临时和永久禁令。

损害赔偿和利润

已经证明其权利受到侵犯的知识产权所有者必须选择是否通过支付损害赔偿金或利润损失来获得赔偿。这些赔偿形式有原则性的差异。选择利润的目的是防止被告的不当得利，而损害赔偿旨在使原告处于和如果没有发生侵权行为相同的地位。法院也很难界定赔偿金额。通常情况下，原告将寻求对被告可能获得的利润进行调查。

额外的损害赔偿

至少在侵犯版权和 EL 权利的情况下，当法院确信侵权人对知识产权有公然侵犯行为，知识产权所有者将能够寻求侵权人支付"额外的损害赔偿"。

善意侵权

一些知识产权立法限制了善意侵权时被告的救济方法。

时　　效

大多数知识产权立法都明确规定了侵权行为必须开始的期限（即"时效"）。在任何情况下，这段期限都是自发生侵权之日起六年。在此期间未采取行动意味着对所谓侵权行为实施知识产权的权利将会丧失。在大多数情况下，在实施知识产权时这种明显拖延的实际效果不太可能具有重大意义，因为，商业化可能早已完成了。

知识产权实施的过程

企业的第一步是查明是否有涉及企业实施知识产权的诉讼理由存在。诉讼事由的原因有两个。第一，是否有侵权人正在进行假冒活动；第二，两家企业在知识产权方面是否存在争议。如果是假冒的问题，那么企业采用的策略就很简单。它应该直接在法庭上申请禁令。禁令有四种，即（a）Mareva禁令；（b）Anton Piller命令；（c）John Doe命令；（d）Norwich Pharmacal命令。

如果不是假冒的问题，它就会成为两个拥有知识产权的实体之间的法律纠纷，那么在这种情况下，可以寻求诉讼、仲裁或者调解。

重　　点

Mareva 禁令

Mareva 禁令用于限制被告将资产从法院的司法管辖区中转移，以使被告不能将其资产从司法管辖范围以外消散，以阻挠判决。❸

印度第一个 Mareva 禁令是 Koninklijke 飞利浦电子公司诉海外商业公司及其合作伙伴的案例。Koninklijke 飞利浦电子公司正在制造名为 PHILIPS 的

---

❸　Mareva Injunction and Anton Piller, "Form the Selected works of Vinayak Burman", (July 2007) a-vailable at http：//works. bentent. cgi? article = 1000&context = vinayakburman.

产品，并注册了商标。❹ 海外商业公司正试图出口一批 855 件带有 PHILIBS 商标的 14 寸黑白电视机。这些电视机位于新德里。这里提出的问题是，这是否涉及商标侵权，法院采取什么措施来制止侵权行为。法院认为，飞利浦电子公司的商标与海外商业公司正在使用的商标相似。这可能使消费者混淆。此案中 Koninklijke 飞利浦电子公司被授予禁令，因为货物之间存在欺骗的相似性。海外商业公司及其同伙被禁止带有 PHILIBS 商标的 855 件 14 寸黑白电视机放行或运到国外。一位当地专员被任命去检查海外商业公司和其他公司的营业场所，如果有必要的话，专员有权没收这些货物。

Anton Piller 命令

　　Anton Piller 命令可由法院以民事诉讼方式作出，允许申请人/原告进入被告的处所进行检查、搜查和扣押以保存证据，防止证据被销毁。在涉及商标、版权或专利侵权的案件中，它们尤其有效。要获得这样的命令，申请人必须证明：

　　（1）有起诉的理由或已经受到侵害。

　　（2）侵权方拥有构成重要证据的指定文件或物品，以证明申请人的陈述。

　　（3）有理由认为，在案件审理前，证据有可能被隐藏、转移或销毁。

　　Anton Piller 命令经常和 Mareva 禁令一起使用。Anton Piller 命令在印度的起源可以追溯到 Anton Piller 与制造方法（1976）RPC 719 案。只有在以下三个条件得到满足的情况下，法院才会授予 Anton Piller 命令：

　　（1）存在强有力的初步证据。

　　（2）潜在或实际的损害。

　　（3）必须有证据证明被告持有涉案文件或物证，而且很有可能在诉前销毁材料。

John Doe 命令

　　因知识产权被侵犯而遭受损失的申请人不知道侵权者并且无法识别侵权人时，法院可以发出 John Doe 命令。在这种情况下，由于不知道侵权人，为了避免司法程序的拖延，法院将被告人称为 John Doe，直到被告被确定为止，法院通过的命令称为 John Doe 命令。❺ John Doe 命令允许知识产权所有

---

❹ Koninklijke Philips Electronics N. V. & Anr. V. Overseas Business Corp.；2056/2001 available at Manupatra Legal database http：//www. manupatra. com.

❺ Gowree Gokhale, Aarushi Jain, and Payel Chatterjee, "John Doe Orders：A boon for IP Protection", available at http：//www. legalera. in/Front-Page/john-doe-orders-a-boon-for-ipprotection. html.

续表

者对任何被发现是侵犯电影版权的人发出通知和采取行动。该命令没有具体规定任何一个被告。它适用于任何可能侵犯作品版权的人。❻ 2011 年，电影《极速辛格》的制片人推动德里高等法院颁布了一项针对版权侵犯的禁令。该案件是针对未知人士和一些有线电视运营商提出的。德里高等法院通过了一项 John Doe 命令，未经制作人适当许可，禁止个人以任何方式公开、发布、展示、上传、下载、参展、播放电影《极速辛格》。该命令还限定不得在 2011 年 12 月 19 日之前通过 CD、DVD、蓝光、VCD、有线电视、DTH、互联网、彩信、磁带、条件访问系统或其他媒体渠道等发行或传播电影。❼

Norwich Pharmacal 命令

Norwich Pharmacal 命令要求个人向申请人披露某些文件或信息。个人必须是涉及不法行为的当事人，例如侵犯版权。

在 Souza Cruz 诉 N. K. 贾恩案（*Souza Cruz v. N. K. Jain*）中，德里高等法院给出了印度第一个 Norwich Pharmacal 命令。❽ Souza Cruz 是一家在巴西法律下成立的公司，以"好莱坞"的商标制造香烟。一名叫 N. K. 贾恩（N. K. Jain）的人用"好莱坞"商标生产和出口香烟，用的纸盒和 Souza Cruz 的纸盒一模一样。在这种情况下出现两个非常重要的问题。第一个问题是是否存在商标侵权行为？德里高等法院认为，N. K. 贾恩不仅复制了原告纸箱，而且以"好莱坞"商标销售其香烟，该商标是 Souza Cruz 在印度等 120 多个国家注册的商标。这相当于商标侵权，如果 N. K. 贾恩被允许出口和 Souza Cruz 一样的香烟商标，Souza Cruz 将遭受损失。第二个问题是德里高等法院是否有权利受理这一纠纷？法院认为尽管 Souza Cruz 位于巴西，在印度没有任何销售，N. K. 贾恩没有在印度销售产品，但这并不意味着法院不能受理这一纠纷。法院不仅可以受理 N. K. Jain 居住地的纠纷，还能受理侵权行为发生地的纠纷。

---

❻ Tania Sarcar, "Delhi High Court issues yet another John Doe Order to protect Speedy Singhs", (September 26, 2011) available at http://spicyipindia.blogspot.in/2011/09/guest-postdelhi-hc-issues-yet-another.html.

❼ Ibid.

❽ *Souza Cruz v. N. K. Jain PTC* (Suppl) (2) 892 (Del).

停止与终止函

如果原告的起诉理由是两个知识产权所有者之间的纠纷，那么当知道侵权人是谁时，第一步就是向提供侵权商品或服务的侵权人发出停止与终止函。该企业决定向侵权者发送私人信件，这可能达到停止侵权的目的。如果侵权人认真对待侵权行为并停止侵权，那么这种策略比花费数年和大量金钱的诉讼更有效。停止与终止函通常在诉讼之前送达。该函应说明以下内容。

（1）指出侵犯知识产权的形式。关于知识产权的注册，这包括识别注册的细节，这使该函的接收者可以搜索相关的注册表以确认正在实施的知识产权。

（2）应该对所谓的侵权行为进行描述，包括认为该行为发生的日期。

（3）它应明确要求该函的接收者不再实施侵权行为，如果收信人不履行这一要求，那么该企业可能在没有进一步通知的情况下，向法院寻求适当的救济。

（4）通常会确定可采取的救济措施的性质。此外也向侵权人提出其他要求，否则可能从法院获得以下诉求：

- 收缴或者销毁侵权物品。
- 提供销售或者其他侵权物品的文件。
- 在 1~2 周之内答复，但这取决于具体情况。

通常由企业的知识产权顾问发放停止与终止函。这有两个原因：（a）知识产权顾问能够以一种避免任何采取不正当威胁诉讼的合理方式来写这封信；（b）说明企业非常重视保护其知识产权并且已经就其法律立场提出了建议。

在发出停止与终止函之前，须采取一些实际措施：

（1）取得侵权行为的证据：这可能需要购买侵权物品，并从购买该侵权物品的个人和任何证明文件如收据等文件中获得一份声明。如果企业希望从法院获得命令，照片和录像带也是支持实施行动的有力证据。

（2）尽可能准确获得与侵权人相关的细节信息，包括企业和业务名称的检索。

停止与终止函应以挂号邮递方式送达给侵权人，如果知道侵权人的传真号码，还可以传真方式发送。取决于事件的紧迫性，也可能需要亲自交付该信件。

停止与终止函的效果是明显的。第一，原告在诉前通知侵权人，可以使企业免受诉讼成本的限制，因为在这种情况下被告可能争辩，如果诉前收到此函它本来就会同意的。第二，如果侵权人在收到信件后多次侵犯知识产权，这将是故意侵犯知识产权的证据。这可能有助于法院决定是否给予禁令或考虑是否存在公然的侵权行为，从而使企业有权要求附加赔偿。第三，它还将保留企业因侵权人已经知晓侵害了该企业的知识产权利益而选择获取利润的权利。

如果该通知的答复对企业不利，而侵权人继续侵权，则该企业可以采取以下三个步骤之一：

（1）诉讼。

（2）调解/调停。

（3）仲裁。

诉　讼

对于企业来说，诉讼是最受欢迎的知识产权实施策略，但也是最耗时间和金钱的。在侵权人和受影响的企业陷入争斗的法律诉讼中，赢得诉讼的一方最终将获得知识产权。孙子曰："夫兵久而国利者，未之有也。"[9] 同样地，长期的知识产权诉讼可能使这个企业最终破产。著名的柯达－宝丽来之争就是这样一个例子，柯达的知识产权实施策略完全错误，最终导致其向宝丽来公司支付了近 10 亿美元的赔偿。柯达在对宝丽来的官司中败诉，最终在 2011 年倒闭。

虽然诉讼是企业实施知识产权的强有力的手段，但它应该是最后的手段。企业应该总是有计划地进行诉讼。没有计划，诉讼可能对公司的财务状况造成不利影响。

通常顾问应该在风险管理计划中列出所有的问题。企业应向法律顾问征询执行知识产权实施程序的预算。该企业的顾问也应该能够指出一个企业可能寻求重新评估其立场的关键"突破点"，如果认为适当，则可以改变轨迹方向。这可能需要和解或不继续采取诉讼。

苹果的实施策略：案例研究

在今天的竞争中知识产权被成功地用作战略武器。苹果将其所有的知识产权视为商业资产，并据此进行诉讼，以防止对其资产的非法使用。为了加强知识产权保护，苹果在 2008～2010 年的两年时间里，已经向美国专利商标局提起了 350 多起诉讼案件。2010 年，苹果提起诉讼，指控 HTC 侵犯了其与 iPhone 用户界面、底层架构和硬件相关的 20 项专利。2012 年，两家公司签署

---

❾　Lionel Giles, "Sun Tzu on the Art of War: The Oldest Military Treatise in the World", (Translated from Chinese) available at http://www.chinapage.com/sunzi-e.html.

了一项为期 10 年的协议，从而终止了专利诉讼，专利授权协议将两家公司当前和未来的专利授权给对方。三星最近被美国一家法院指令支付 10.5 亿美元，以作为对侵犯苹果圆角矩形和玻璃边缘的外观设计专利的赔偿。2011 年，苹果对电子商务公司亚马逊（http：//Amazon.com）提起诉讼，指控后者使用"App Store"（应用商店）的字样，可能降低苹果 App Store 的商誉，侵犯了苹果的商标权。目前诉讼仍在进行。维多利亚商业与技术学院（Victoria School of Business and Technology）被迫改变了之前有一个苹果轮廓的商标，因为苹果声称学校的标志会让他人误以为是苹果授权学校使用。

麦当劳在全球范围内保护其知识产权：案例研究

全球最大的汉堡快餐餐厅麦当劳公司（McDonald's Corporation）已经采取了强有力的知识产权诉讼策略，并成功地参与了一系列涉及"Mc"商标侵权的法律案件。2004 年，麦当劳起诉麦乐（MacJoy），因为它在菲律宾使用了一个非常类似的商标。麦当劳迫使后者把名字改为 MyJoy，尽管后者在麦当劳开业前 5 年就已经在宿务城市出口营业了。菲律宾最高法院维持了麦当劳在其注册和国际认可的商标上的权利。[10] 1994 年，圣弗兰西斯科的一家咖啡店的老板伊丽莎白·麦考伊（Elizabeth McCaughey）被迫更改了她的咖啡店的名字，尽管她已经用 McCoffee 这个名字运营了 17 年。[11] 1988 年，麦当劳成功阻止了知名酒店品牌"优质国际酒店"（Quality Inn International）以"Mc Sleep"的名义开设新的连锁酒店，因为这可能导致商标侵权和不公平竞争。[12]

提示和技巧

在制定知识产权诉讼策略时，应考虑哪些要点：[13]

1. 在进行诉讼之前，对诉讼策略如何实施必须制定计划。

2. 它应该与公司的诉讼哲学和伦理价值体系密切相关。

3. 对企业来说，理想的结果是什么？

---

[10] Market Watch，"Philippine Supreme Court upholds McDonald's trademark rights"，available at http：//www.marketwatch.com/story/philippine-supreme-court-upholds-mcdonaldstrademark-rights.

[11] Jim Carey，"Big Mac versus the Little People"，available at http：//www.mcspotlight.org/media/press/littlepeople.html.

[12] *Quality Inns Intl.，Inc.v.McDonald's Corp.*，695 F.Supp 198.

[13] Harry Payton and David Wotherspoon，"Philippine Supreme Court upholds McDonald's trademark rights"，available at http：//mlrm.net/Shared%20Documents/litigation-strategies.aspx.

> ❖ 案件的经济参数或经济意义。
>
> ❖ 如果这是一个非常重要的案件，那么企业将会抛出所有资源，以获得有利的结果。如果它不是一个重要的案件，那么企业可以为法律顾问和诉讼制定严格的经济指导方针。
>
> 4. 原告在诉讼中可能获得何种损害赔偿？

调停/调解

调解是一种替代性的争端的解决形式，与传统诉讼完全不同。这是一种有利于和解的谈判过程。当事人双方可以自行同意在争议发生之前或之后进行调解。各方可以采取临时调解程序或通过私人组织进行调解。❹

调解适用于双方都同意争端的结果将是某种形式的共享权利的情形。例如，许可协议或供应合同，而不是传统意义上的一方成功而另一方失败的诉讼。这种争议在知识产权领域是常见的，在单一实体中可能有几项知识产权，每项知识产权可能由不同的当事人拥有，也可以单独授权给他人。在这种情况下，调解的结果有利于维持现存的业务关系，同时调解过程的机密性也有利于希望保留与其知识产权相关的某些信息的机密性的一方，且有利于其商业声誉。❺

提示和技巧

为什么选择调解？❻

1. 在调解程序中各方有较强的控制。

2. 调停的结果能否解决问题和缩小分歧，很快就会被各方所知。

3. 结果便宜而快速，也就是说，双方之间有一个和解方案。

---

❹ Roberta Jacobs-Meadway, "ADR: Arbitration and Mediation of IP Disputes as Alternatives to Litigation", available at http://www.buildingipvalue.com/05_ NA/082_ 084.html.

❺ Susan Corbett, "Mediation of Intellectual Property Disputes: A Critical Analysis", *New Zealand Business Law Quarterly* 17 [(January 27, 2011) March 2011], 51 - 67.

❻ Roberta Jacobs-Meadway, "ADR: Arbitration and Mediation of IP Disputes as Alternatives to Litigation", available at http://www.buildingipvalue.com/05_ NA/082_ 084.html.

在选择调解时，有许多因素需要考虑：**❼**

（1）主题的专业性。

（2）调解经验。

（3）调解风格（评估或促进）。

（4）法律专业知识。

调解的结果取决于双方当事人的表现。如果各方不准备妥协，那么调解就不太可能成功。

假设的案例研究

ABC，一家印度的饮料公司，在印度突然面临与一家外国公司 DEF 的竞争，后者的总部位于一个经济规模比印度小的国家。DEF 生产的饮料产品与 ABC 的非常像，最重要的是饮料瓶看起来很像 ABC 的饮料瓶，但是价格更便宜（ABC 认为质量较低）。ABC 的饮料瓶是 ABC 商标，而 DEF 的饮料则是在一个不同的、可识别的标志下出售的，但是 ABC 有证据表明，由于瓶子的相似性和独特的外观，潜在的购买者会对它的来源感到混淆。DEF 故意复制 ABC 饮料瓶的一般形状和颜色，只是颜色略有不同，而 DEF 在瓶子上使用了自己的商标。DEF 设计的瓶子与 ABC 的瓶子有相似之处。在印度关于保护外观设计的法律是最近才颁布的，有关商品包装的法律也是不存在的，因此，DEF 饮料瓶的进口商收到了 ABC 律师的一封停止与终止函。DEF 聘请了印度律师，并发现了这家公司已经开始了艰难和不确定的征程。另外，ABC 的律师知道，商品包装和外观设计方面的法律可能阻碍他们的诉讼，并且会使公司损失一大笔钱，所以是进行调解的时机。

与司法救济的限制相比，调解是非常灵活的。谈判协议可以消除或大幅降低风险和成本。在前面提到的假设例子中，ABC 在其产品设计上投入了大量的资源。现在，它面临着大量的诉讼，这些诉讼可能无法发挥其优势。另外，它的竞争对手看到了一个机会，可以用更便宜的产品打入印度市场，但需要一个不会导致持续诉讼的安全的外观设计和营销计划。双方的法律顾问不是互相起诉，而是寻求具有技术和商品包装专业知识的调解员，以便尽早为其提供和解方案。令双方满意的是，ABC 与 DEF 之间最终达成了和解协议。

以下是他们谈判和解方案的要点：

（1）DEF 同意重新设计其产品，并将新设计提交给 ABC 以获得批准。提

---

❼ Roberta Jacobs-Meadway，"ADR：Arbitration and Mediation of IP Disputes as Alternatives to Litigation"，available at http：//www. buildingipvalue. com/05_ NA/082_ 084. html.

交和批准的时间期限已经确定，设计提交是针对 ABC 的一个或两个特定人员。

（2）如果不赞成，就建立一种快速解决纠纷的方法。双方消除了混淆和功能问题的可能性，以解决问题。唯一需要解决的问题是 ABC 要求保护的具体设计与 DEF 的新设计之间的外观整体相似度。

（3）ABC 放弃任何损害赔偿或律师费的要求。

（4）已在协议中明确商业和地域限制。DEF 只能在印度销售其新设计，但在其他市场则无此限制。

（5）DEF 被允许在一个确定的期限内销售或重新部署商店及其自己的仓库中现有的存货。在和解日期之前已交付和接受的订单可以履行完毕。

（6）对过去行为的豁免适用于该产品，但不适用于未知的产品或活动。

（7）调解是保密的。任何一方都不得发布新闻或以其他方式发布有关该协议的信息，但双方可以根据需要通知其员工案件已经解决，而且 DEF 将在规定的地区销售不同的产品。

仲　　裁

仲裁是对商业纠纷的私下的、非司法的裁决，通常由当事人指定的 1 ~ 3 名私人仲裁员，其结果是有约束力的。仲裁通常发生在诉讼之前的原因有几个：仲裁时间比诉讼解决争议的时间短。仲裁的另一个优点在于它是由当事人自己选择的，而不是被一方强加于另一方。可以在不同的司法管辖区适用不同的规则和程序，采用更好的方式解决当事人之间的多重管辖权纠纷，而不是在不同的司法管辖区适用不同的规则和程序的诉讼，后者可能对涉及诉讼纠纷的各方造成极大的不适。仲裁程序一般都是对外封闭的，不被公众看到。这样就可以让各方将争议的事实和细节隐藏起来，因为有时候争议的细节和事实可能涉及保密信息，如果泄露给公众可能对参与仲裁程序的各方造成不利影响。在仲裁中，各方有权在仲裁庭上选择仲裁员。仲裁员须具备相关的法律知识，语言能力，商业经验前景、声誉、技术专长、仲裁和起草专长，并保持中立公正性。❸ 其他考虑因素是国籍、背景、偏见、态度以及与共同仲裁人的任何政治关系。还有一个优点是成本，仲裁费用远远低于诉讼费用。在仲裁中，各方都可以灵活地选择要在何处进行仲裁、程序中遵循的规则等。

---

❸ Karen Fong, "Arbitration of IP Disputes: Eyes Wide Shut", (December 14, 2009) available at http://www.inhouselawyer.co.uk/index.php/intellectual-property/7673-arbitration-of-ip-disputeseyes-wide-shut.

提示和技巧

为什么选择仲裁？

➤ 费用低；

➤ 灵活；

➤ 保密；

➤ 用更少的时间来解决争端；

➤ 可自由选择仲裁员。

仲裁通常优于调解，因为仲裁小组的决定具有约束力，可以终结争议。一些其他因素可能有利于仲裁：❶

（1）发现文件的能力，不是依靠自愿披露。

（2）在非约束性仲裁中，对案件的实体问题和价值进行评估的能力。

图3.1说明了企业正确、有效地实施知识产权所应采取的策略。

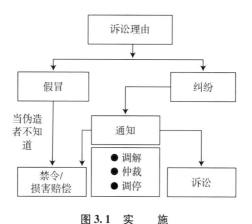

图3.1 实　　施

知识产权实施的积极策略

如果企业希望实行积极主动的知识产权实施策略，它通常会寻求实现以下目标：

（1）尽可能防止竞争对手进入市场。

---

❶　Roberta Jacobs-Meadway，"ADR：Arbitration and Mediation of IP Disputes as Alternatives to Litigation"，available at http：//www. buildingipvalue. com/05_ NA/082_ 084. html.

（2）制定战略以产生进一步的许可收入。

通过实行积极主动的知识产权实施策略，Priceline 获得了反向拍卖机票等商业方法的专利权。[20] 另外，Priceline 对微软拥有的专利提出质疑，最终使得 Expedia（微软的一家网站）同意向 Priceline 支付特许权使用费。[21]

主动的知识产权实施战略必须符合企业的商业目标。共同要素包括：

（1）识别潜在的侵权行为。这需要在企业内部建立一个有助于识别侵权的流程和文化。这可能很简单，就像工作人员注意到假冒产品在当地的义卖集会上出售并在周一早上报告相关经理一样。

（2）为保护本企业的知识产权建立一个"光环"。许多主要的科技公司已经在行业内获得了一个公认的地位，它们在保护知识产权方面是强有力的。耐克（Nike）和锐步（Reebok）等体育公司也采取了类似的措施，严格保护自己的品牌。当然，这需要以一种平衡的方式进行，否则战略可能产生负面影响。

（3）在知识产权登记册上检索，以确定谁在使用类似的技术或品牌。就专利而言，如果检索专利登记册时发现该企业的技术经常受到冲击，可能引发潜在的侵权行为。如果该企业的专利经常被引用，那么它很可能是一项基本的技术，而这是不可能被绕开的。从而为许可机会提供了一个"蓄水池"。

不正当的威胁

当一方因不合理的威胁被不公平地起诉侵犯他人知识产权时，大多数的知识产权立法都会赋予其反击的权利。因此，任何维护其知识产权的企业都需要谨慎，否则它可能不得不支付损害赔偿金，并成为禁令的对象。商标法中使用的术语是"毫无根据的威胁"（商标法第 142 条）。

知识产权立法中没有定义"威胁"，但似乎可以以任何方式进行，无论是口头还是书面形式。现已发现，它可以以"无偏见信函"的形式进行。截至目前，还没有一个电子邮件威胁方面的案件，尽管没有理由不这么做。

侵权诉讼必须以"合理的注意"进行。换句话说，企业不能等待太久才开始追究侵权行为，否则就会面临因毫无根据的威胁而被反诉的风险。

为了避免不正当的威胁，企业应该遵循以下原则处理停止与终止函件：

---

[20]　Troy Wolverton，"http：//Priceline. com Files Suit Against Microsoft"，（October 13，1999）available at http：//news. cnet. com/2100－1001－231384. html.

[21]　Clare Saliba，"Priceline Expedia End Patent Flap"，（January 10，2001）available at http：//www. ecommercetimes. com/story/6605. html.

（1）只主张可以被证明的行为。

（2）如果所有这些知识产权的侵权行为都可以被坐实，只能涉及多种形式的知识产权。

（3）只有在有意愿提起诉讼的地点和时间，才会主张侵权行为。

专利和侵权

下列活动被视为侵犯注册专利的行为。这些行为表述于 1978 年，*Raj Prakash* 诉 *Mangat Ram Chowdary* 案中：

（1）制造专利产品。

（2）使用专利方法制作产品。

（3）为商业目的出口专利产品。

（4）将货物进口到司法管辖时。

（5）制造、租用、销售或处理使用专利方法而产生的产品。

对专利实施的诉讼总是涉及对专利有效性的挑战。根据印度专利法，在未经许可的情况下出售专利产品，买方可以自由使用该产品，尽管专利权人可能对其使用的销售施加条件，而这些条件将适用于任何注意到它们的人。当然，在某些方面，专利制度可以用来为寻求实施其专利权利的企业提供好处。如果该企业意识到专利侵权，可以要求专利局公布一份标准专利的完整申请。这时侵权人应当提防，一旦专利被授权，申请人就有权获得相关救济。❷

如果该企业察觉到竞争对手的专利申请，该企业将向专利局提交异议，指出竞争对手的发明不可以申请专利，其依据是专利法第 55 条。竞争对手将会收到此异议，而专利委员会在审查申请的过程中会考虑此项异议。

企业也可以抢先制止竞争对手的任何侵权行为。它可以寻求法院做出一个其申请不会构成对他人专利的侵犯的宣告。

在此之前，企业必须请求竞争对手书面承认其所提出的申请不会侵犯竞争对手的专利，并给予竞争对手"完整的书面材料"，且承诺向竞争对手支付后者获得该申请是否侵权的建议的费用。这些先决条件为该企业带来了一些商业上的困难。向竞争对手通知拟定的商业化战略和法律建议，通常不会被企业的管理层所接受。毫无疑问，任何寻求非侵权声明的决定都需要根据企业的商业目标进行权衡。

获得非侵权声明的效果是企业可以以向竞争对手披露的方式自由使用发

---

❷ Section 54（1）of the Patents Act（1970）.

明。如果商业化战略发生变化（一旦市场条件的现实情况被企业察觉到，就会出现这种情况），情况就会变得困难。然而，这对于寻求进入由一个或几个竞争对手主导的新市场的企业来说是一个强有力的工具。竞争对手可以利用其财力来操纵法院系统对该公司进行诉讼以防止其进入市场。一个非侵权行为声明将会减少这一诉讼的影响。

巴贾杰诉 TVS 案（*Bajaj v . TVS*）（专利纠纷）

Bajaj 汽车公司 2007 年持有印度的热敏感性（DTSi）技术专利，该技术代表数字双火花点火。大多数 Bajaj 的两轮车，大容量的 Pulsar、Discover 和 A-venger，主要是基于 DTSi 平台。2007 年 9 月 3 日，印度两轮件制造巨头 Bajaj Auto Ltd . （Bajaj）和电视汽车公司（TVS Motor Company Ltd .）之间就 DTSi 技术出现了争议，Bajaj 指责电视汽车公司使用其双火花技术专利。Bajaj 认为 CC - vti（受控燃烧），TVS 的新型 125 cc 摩托车"火焰"中使用的可变智能技术侵犯了其 DTSi 专利。然而，在 2009 年，最高法院维持了马德拉斯高等法院的命令，并作出有利于 TVS 的判决，允许它推出其摩托车"火焰"。❷❸

版权和侵权

侵犯版权必须与受保护的作品有关。原始作品与涉嫌侵权作品之间必须有一定的联系。在文学、戏剧、音乐或艺术作品中，如果有大量的版权作品被复制，并考虑将所谓的侵权作品与之相比较，就可以证明侵权存在。同样需要解决的是质量问题，而不是数量问题。如果某人授意第三方实施侵权行为，那么第三方也将对侵权行为承担责任。❷❹

如果侵权行为被证明是无辜的，那么版权所有者就不能寻求损害赔偿，尽管他被授权获得利润损失的命令。另外，如果一家企业被公然侵犯版权，那么它就可以得到"额外损害赔偿"的命令。因此，使用适当的版权声明和停止与终止函是加强版权保护的重要一步。

---

❷❸　Chanchal Pal Chauhan, "TVS Motor Files for Engine Patent", （September 6, 2007）available at http://articles. economictimes. indiatimes. com/2007 - 09 - 06/news/28406773 _ 1 _ patent-tvs-motor-twin-spark-plug-technology.

❷❹　W. R. Cornish and David Llewelyn, *Intellectual Property: Patents, Copyrights, Trademarks and Allied Rights* （New York: Sweet & Maxwell, 2003）.

合理使用

值得注意的是，并不是所有复制的版权作品都是非法的。1957 年的版权法规定了一系列合理使用的行为，包括研究、学习、批评或评论。对于计算机程序，下面这些行为也不侵犯版权：

（1）备份软件副本。

（2）通过行使版权之一来开发可交互操作的产品。

（3）复制以纠正妨碍原始软件运行的错误。

（4）在安全测试计算机系统中行使这些版权，而原软件是该系统中的一部分。参见版权法（1957 年）第 43（1）（ab）条。

版权法第 52 条列举了其他不限于以下的抗辩：[25]

1. 为了达到下列目的而创作的文学、戏剧、音乐或艺术作品
- 研究或自学；
- 批评或评论，无论是工作还是其他目的。
2. 为报道时事而创作的文学、戏剧、音乐或艺术作品
- 在报纸、杂志或类似期刊上；
- 通过无线电或电影胶片或摄影手段传播。
3. 复制为司法程序或司法程序的报告而创作的文学、戏剧、音乐或艺术作品。
4. 立法机关的秘书处编制的专门由立法机关的成员使用的任何文学、戏剧、音乐或艺术作品的复制或出版，其中立法机关由两个议院组成。
5. 依照现行有效的法律制作或提供文学、戏剧或音乐作品的经鉴定的复制件。

时效（1963 年时效法案第 88 条）

版权法规定，诉讼时效为从侵权发生之日起 3 年。这意味着版权被侵犯的企业可以在侵权发生之日起 3 年的时间内向法院提起诉讼。

毫无根据的威胁（1957 年版权法第 60 条）

受到侵犯版权威胁的人可以获得宣告诉讼的权利，有权从法院获得禁止持续发生此类威胁的禁令，还可以追回该当事人因这种毫无根据的威胁可能遭受

---

[25] See Section 52, Copyright Act for all the defenses available under Fair Dealing.

的损害。当实施这些威胁的人在做了尽职调查之后发现确有侵犯版权的行为时，这样的救济措施便无法获得。只有在没有证据的情况下，这种救济措施才可以获得。❷⁶

海关扣押（1957 年版权法第 55 条和第 58 条）

企业可以要求海关扣押任何可能构成侵犯企业版权的物品。海关有权没收和销毁侵权物品。

商标和侵权

在印度知识产权诉讼中，商标是很常见的纠纷。这可能是由于注册商标的风险小于专利，因为注册的标准问题更少。人们更容易判断事物是否可区分，而不是一项发明是否新颖。商标侵权行为也将与"侵权人"侵权行为和违反竞争法条款相竞合。

如果一个人将与指定商品或服务的注册商标基本相同或欺骗性类似的标志用作商标，则会发生侵权行为。如果使用与指定商品和服务密切相关或与其相同描述的商品或服务上使用实质相同或欺骗性相似的商标，也将发生侵权行为，除非被告设计这种商标不可能引起欺骗或者混淆。附属侵权行为包括将商标应用于损坏的货物、涂改或抹去已被用于指定用途的标志。侵权索赔的关键是必须对商标进行比较。这种比较既包括视觉，也包括口头。法院须考虑相关市场上一个理性思考的人会怎样认为。

除了下列情形，任何人不得侵犯注册商标：

（1）善意地使用该人的姓名。

（2）善意使用某标识，目的是表明货物或服务的质量、数量、目的、价值或地理区域。

（3）用于比较广告，虽然这存在明显的风险，特别是依据竞争法。

（4）平行进口（注册商标所有人已授权申请商标）。

另一个人的使用必须是"作为一个商标"。如果商标本身并没有区分指定的商品或服务，那么就会存在风险，即侵权人可能声称它的使用不是"作为商标"，它只是在描述货物或适用于该标记的服务。这可能是任何执行注册商标的最常见的反驳形式之一。

---

❷⁶　Section 60，Copyright Act 1957.

起诉时间

在申请被搁置的情况下可以开始提起诉讼，但在注册被授予之前不可能获得法院的命令。因此，一方当事人寻求加快审查涉嫌侵权行为的商标是很常见的。

毫无根据的威胁（1999 年商标法第 142 条）

受到商标侵权的毫无根据的威胁的人可以获得宣告式诉讼的权利，其有权获得法院禁止持续上述威胁的强制命令，也可以获得因无理威胁遭受损害的赔偿。当威胁的人在进行尽职调查以后发现确实存在商标侵权的情况下，被威胁的人将无法获得这种救济措施。只有在没有商标侵权的证据时，才能使用这种救济措施。❷

时效期

商标法并没有明确规定诉讼时效的条款。

商标侵权：案例研究（可口可乐）

1993 年，Golden Agro Products 将许多产品（Limca、Thums up）的权利转让给了可口可乐公司。该协议包含了一项条款，允许可口可乐只在印度销售的产品上使用"Maaza"商标，其他地方都不被允许。后来 Golden Agro 与 Bisleri International 合并。2007 年，可口可乐公司了解到，Bisleri 正在土耳其以"Maaza"商标销售产品。可口可乐及时向 Bisleri 发出了一项法律函件，Bisleri 回复说，除了在国际上使用商标之外，Bisleri 也打算在印度使用该商标。2009 年，可口可乐向德里高等法院起诉，以阻止 Bisleri 在印度出售 Maaza。最后，2013 年 2 月，德里高等法院裁定，Bisleri 不能在印度销售 Maaza，尽管它可以在海外市场使用该品牌。❷

Bisleri 争端：案例研究

2011 年，塔塔集团（Tata group）的 Mount Everest 公司输掉了与 Bisleri 的

---

❷ Section 142, Trademarks Act 1999.

❷ Ratna Bhushan, "Bisleri Barred From Selling Maaza Mango Drink Localally", (February 1, 2013) available at http：//articles. economictimes. indiatimes. com/2013 - 02 - 01/news/36684704_ 1_ maaza-trademark-coca-cola-bisleri-international-chairman.

商标纠纷案。这场争端始于 2008 年，Mount Everest 在德里高等法院对 Bisleri 提起了一项商标侵权诉讼。这一诉讼是由其包装的天然矿泉水品牌 Bisleri 用"来自喜马拉雅山脉"一词而提起的。随后，Bisleri 寻求知识产权上诉委员会（IPAB）取消"喜马拉雅"的商标注册。Bisleri 认为"喜马拉雅"是一个地理上的名词，根据商标法第 9 条，不能作为商标注册。就这个案件，知识产权上诉委员会认为，"喜马拉雅"这个词的注册并没有赋予任何公司使用该术语作为其产品商标的专有权利（见表 3.1）

表 3.1 时 间 表

日 期	事 件
1993 年 9 月 18 日	根据 1993 年 9 月 18 日签订的一份主协议，Golden Agro Products 将其产品 Thums Up、Limca、Gold Spot、Citra 和 Maaza 的商标、配方权、专有技术、知识产权和商誉等转让给了可口可乐公司，虽然 Aqua Minerals（现在的 Bisleri）是其商标的所有者，但是制造 Maaza 的秘密饮料基地是 Bisleri 的附属公司，被称为 Golden Agro Products Ltd
1993 年 11 月 12 日	可口可乐公司和 Bisleri 公司通过商标、配方权、专有技术、知识产权和商誉等方式签订了一项转让协议，将 Maaza 品牌转让给可口可乐公司
1994 年 10 月	可口可乐公司与 Golden Agro 之间签订了关于 Maaza 的许可协议
2008 年 3 月	Bisleri 察觉到可口可乐公司已经在土耳其注册 Maaza 商标
2008 年 9 月 7 日	Bisleri 向可口可乐公司发出了一份律师函，否认了许可协议，从而阻止了可口可乐公司通过自己或其附属公司直接或间接使用其商标
2008 年 10 月 15 日	德里高等法院通过了一项命令，禁止 Bisleri 及其官员、雇员、代理人和姐妹公司在矿物、水、非酒精饮料和糖浆以及制作这些饮料的配制剂上使用 Maaza 和类似的商标。Maaza 及其高级职员也被禁止使用或者向任何人泄露以 Maaza 商标出售的饮料主要成分配制剂和饮料中使用的专有技术、配方和其他知识产权
2009 年 10 月 20 日	德里高等法院的一名法官通过了一项命令，允许可口可乐公司继续使用商标 Maaza，并在印度市场销售其产品
2009 年后期	Bisleri 到达德里高等法院司法法庭，该法庭通过了一项澄清可口可乐公司使用 Maaza 商标的命令。该命令并不能阻止 Bisleri 出口在印度制造的货物（Maaza）

保密信息和侵权

如果可以证明第三方明知信息是具有机密性的，企业可以对从初始接收方收到信息的第三方进行限制。一旦信息发布，损失几乎是无法弥补的。在许多情况下，损害赔偿不足以补偿企业失去的保密信息所带来的竞争优势的损失。印度没有保护保密信息或商业秘密的法律。只有印度合同法第 27 条禁止任何人披露因合同而获得的任何信息。另外，信息技术法案第 43 条 A 款和第 66 条 C 款也有规定。直到目前，印度还没有关于保密信息的判例法。

如何提起保密信息诉讼？

一项诉讼的权利将由于违反或侵犯保密信息而产生，条件是企业能够证明另一方使用了保密信息，未经其同意直接或间接地获取其信息。虽然印度没有任何案例涉及保密信息，但 2008 年印度信息技术法案的修正案包括一项条款，涉及窃取保密信息的个人/公司。在关于保护数据和保密信息没有全面立法的情况下，它为数据提供保护，并成为一项指导性的规则。在处理数据时，最好以更安全的方式谨慎地处理数据，特别是第三方数据。

信息技术法案第 43 条 A 款为那些数据和隐私受到侵犯的公司提供了一些救济。盗窃保密信息的人可被判处最长达 3 年的监禁，并且最高可罚款 10 万卢比。㉙

为了避免提起保密信息诉讼，企业必须采取以下的措施：

（1）处理信息的"隐私策略"。

（2）收集信息。

- 在收集信息的同时获得信息提供者的同意；
- 披露目的和接收人；
- 保持信息安全的职责。

（3）信息披露。

- 事先征得第三方同意；第三方不应进一步披露；
- 在未经事先许可的情况下，向根据法律授权的某些政府机构披露；
- 在其他情况下法人团体不应该公开数据/信息。

（4）信息传递。

- 信息提供者事先同意；
- 只有在合同规定了义务的情况下才允许；
- 应该确保同样的数据保护级别。

（5）在处理数据/信息时合理的安全措施和程序。

- 全面的信息安全计划和信息安全策略；

㉙　Section 66C Information Technology Act 2000（Amended in 2008）.

● 符合"信息技术/安全技术/信息安全管理体系"的国际标准 IS/ISO/IEC 27001;

● 对机制、做法和程序的审计。

通过既定的内部政策框架来实现对信息技术法案的遵守。电子安全组织所需的政策如下：

（1）信息与通信技术（ICT）政策。通过提供可接受的信息技术使用标准或相关服务来管理公司 ICT 结构的政策。

（2）隐私政策。用于管理收集、使用、处理、加工和披露客户的个人信息/数据处理的策略。该政策将隐私期望与隐私权协调起来。

（3）网络法律政策。一项旨在遵守当时在印度联盟生效的网络法律的政策，例如"信息技术法"，各种"规则"和解释。

（4）电子安全政策。以确保基本的计算机安全（电子安全）的范围。使用安全密码的防火墙、正确维护路由器、加密等。

（5）软件使用政策。针对软件的免费使用、假冒、租赁、原始设备制造商（EM）拆包，上传和下载、硬盘加载等软件方面的策略。

（6）互联网使用政策。通过禁止非法的网站，禁止浪费计算机资源，执行言语要求，保持网络版本清洁以及使用各种其他措施来确保员工在线时应予遵守的政策。

第四章
知识产权管理

"越来越多擅长管理知识产权的公司将会成功，不擅长的公司则会被淘汰。"❶

阅读本章后，您将能够

❖ 了解知识产权管理的重要性

❖ 了解知识产权管理的核心要素，包括：（a）知识产权开发；（b）知识产权政策；（c）知识产权许可；（d）市场观察；（e）企业结构

❖ 公司内部的知识产权管理结构形式应该是集中管理还是分散管理

❖ 关于公司如何管理其知识产权的案例研究

❖ 知识产权控股公司的重要性

介　绍

让我们以关于施乐公司的简短的故事开始这一章。大家都知道施乐复印机是世界上最先进的复印机。也知道施乐在计算机行业中取得了许多关键性的突破，但为什么没有人谈论施乐是计算机行业的先驱呢？一个唯一且最重要的原因，就是它无法利用自己所开发的技术。施乐无法成为计算机行业的领导者，因为它的知识产权管理很差，其中也包括 GUI。施乐没有恰当地管理这一重要的发明，忽视了 GUI 的潜力，输给了苹果公司。后者开发了自己的 GUI，并为其计算机的 GUI 版本申请了专利。苹果前首席执行官史蒂夫·乔布斯在 1996

---

❶ Rob McInnes and Sylvie Tso, "Developing an IP Strategy for Your Company", available at http：//www. sprusons. com. au/pdf/newsletters/Issue%202/IP_ strategy. pdf.

年声称"如果施乐保护并妥善管理其重要的知识产权资产，它原本可以拥有整个计算机产业"。❷

人们发现，仅在 2008 年，美国、英国、德国、日本、中国、印度、巴西和迪拜的公司损失了近 46 亿美元的知识产权资产。该研究由普渡大学教育研究中心和信息保障与安全研究中心进行，❸ 为了避免损失，企业应该建立结构化的知识产权管理体系（IPMS）。

另一个缺乏知识产权管理的例子是通用电气（GE），该公司被一家名为 Fonar Corp 的小公司告上法庭，原因是侵犯了后者的专利磁共振成像技术（MRI）。令通用电气感到吃惊的是，它被迫向 Fonar 支付 1. 287 亿美元，相当于 Fonar 年收入的 10 倍。对 Fonar 来说，却是因祸得福，它通过向股东分配专利侵权股息，充分利用了这 1. 287 亿美元。❹

用一位积极参与新技术开发的企业家迈克尔·C. 沃尔克（Michael C. Volker）的话来说：知识产权管理就是最大限度地提高营利能力。对于高科技企业来说，知识产权是企业的命脉。管理者应该发展企业文化，理解这一点的重要性。工程经理应该着眼于将该企业的商业上不重要知识产权的许可出去，从而从"老"技术中为公司创造额外的利润。而且，他们也应该寻求获得与自己技术可以结合的相关许可。❺

这本书从广义上详细阐述了"知识产权管理"这个词语。"知识产权管理"一词包含以下要素：

（1）制定协调一致的机制来识别知识产权。

（2）管理与获取知识产权相关的职能，包括研发、许可使用以及收购知识产权。

（3）分析市场上竞争对手和其他参与者的知识产权。

（4）分析和评估企业在商业环境中所持有的知识产权。

（5）选择知识产权进行保护、许可和商业化。

（6）知识产权保护战略。

---

❷　Chunka Nui, "The Lesson That Market Leaders are Failing to Learn from Xerox PARC", available at http：//www. forbes. com/sites/chunkamui/2012/08/01/the-lesson-that-marketleaders-are-failing-to-learn-from-xerox-parc.

❸　"Vital Information More Vulnerable in Current Economic Climate", （January 30, 2009） available at http：//www. efytimes. com/efytimes/fullnews. asp？edid =31950.

❹　Kevin G. Rivette and David Kline, Rembrandts in the Attic （Boston：HBS, 2000）, 98 – 99.

❺　Mike Volker, "Business Basics for Engineers", available at Intellectual Property Management http：//www. sfu. ca/ ~ mvolker/biz/ipm. htm.

（7）知识产权实施战略。

在一个知识资本已经变得重要的时代，❻ 知识产权管理正迅速成为一个不仅涉及企业技术转让主管，也涉及企业管理委员会的问题。接下来的几页将强调构成企业内部知识产权管理基础的五个要素。它们分别是：（a）知识产权开发，（b）知识产权许可，（c）市场观察，（d）知识产权政策和（e）企业管理结构。❼ 如果没有这些要素，管理知识产权将是困难的，并且只会给企业带来很少的收益。

知识产权开发

开发产品、服务、商业模式、培训方法等多种形式的知识产权发展，对于企业来说是非常重要的。企业必须有一种方法，将这些基本形式的知识产权转化为外在形式的商业利用。知识产权的开发并不是一件容易的事情，它需要在整个企业的管理中得到高度的合作。对于有效的知识产权开发战略，企业应该具备以下几点：❽

（1）工作积极的专业人才。

（2）独立的创意、提案审查、商业可行性等部门。

（3）技术方面有先进的基础设施来创造新发明。

（4）优秀的管理团队。

（5）与其他企业达成促进其创新的联盟协议（例如，印孚瑟斯及其 Infosys 3.0 战略）。

（6）健全的知识产权制度实施战略。

知识产权许可

世界各地的许多公司都有大量的知识产权库，但它们自己并不充分利用。这些未利用的知识产权可以许可给其他企业以换取许可费。像 IBM 和惠普这样的公司已经从知识产权许可中赚取了数十亿美元。今天，企业担心在全球范围内管理和保护它们的知识产权，因为处理知识产权的费用每年都在增加，同时，它们正在意识到知识产权许可带来的巨大好处。我们将在第七章"知识产权许可"中介绍知识产权许可问题，其中涉及一些外国公司和印度公司的

❻ All the knowledge that the organization possesses which has a potential for value generation.

❼ Vinod V. Sople, *Managing Intellectual Property—The Strategic Imperative* (New Delhi: Prentice Hall of India, 2006), 24.

❽ Ibid.

案例研究。

市场观察

每一家拥有知识产权库的企业，都必须有一个市场观察政策来寻找为市场开发新产品的新机会。市场观察通过以下方式帮助企业：

（1）更好地了解市场。

（2）了解市场上现有的技术，并加以改进。

（3）密切留意侵权者。

（4）寻找潜在的知识产权被许可方（他们为了开发自己的产品愿意获得企业的许可技术）。

知识产权政策

重要的是，没有必要为了制定政策而制定知识产权政策。应当指出的是，企业必须认识到有必要制定关于知识产权管理的制度。这将适用于企业的不同发展阶段。知识产权政策应该特别明确：

（1）强调企业的知识产权管理和商业化方面的重要性。

（2）让管理层了解知识产权资产在企业所有其他资产计划中的战略重要性和作用。

（3）如果精心组织并适当起草，则与董事会或治理机构制定的其他政策和治理工具相适应。

（4）向员工、顾问和战略合作伙伴提供关于利用和增强知识产权的过程的指导。

重　点

知识产权策略应该注重什么？

知识产权策略的内容是由企业的商业目标和策略决定的。总的来说，知识产权政策应该解决以下问题：

1. 支持研究人员识别和保护知识产权：这将扩大到确保员工在知识产权准则及其适用方面的适当培训。

2. 概述企业内部有关知识产权的职责和责任的政策，如技术公开、记录保存和员工的薪酬结构等。

3. 员工、咨询师和学生对知识产权的所有权政策。

> 4. 协助员工识别由他人控制的知识产权的方法，以避免侵权行为。
>
> 5. 关于知识产权保护和商业化的各种途径的程序。
>
> 6. 关于共享商业化带来的利益的政策。
>
> 7. 定期向股东报告。
>
> 8. 应对冲突的政策和流程。
>
> 9. 协助员工了解成功的知识产权商业化机制。

建立和执行这些程序和政策的企业将处于更好的地位，可以充分利用其知识产权，并有效促进商业化战略。同样重要的是，企业处理涉及其员工知识产权政策问题。

企业管理结构

如果在企业内部没有适当的管理结构，就不能有效地利用知识产权资产。对此并没有一个简单的答案。影响决策的因素包括企业的目标和在实现这些目标过程中知识产权的角色、企业的规模和结构、企业的复杂性、企业经营的行业（包括对竞争对手而言知识产权是否很重要，还有它是否以出口为重点）以及企业内部处理知识产权的专门知识。

就管理结构而言，存在一系列选择。企业可能需要建立一个独立的业务部门，不仅负责知识产权的管理，还负责财务方面的工作。这可能包括将知识产权库作为公司内部的资产，并确保相关业务部门具有相同的地位和与之相同的资历，作为财务、市场营销和业务发展等业务的其他重要方面。它将要求该业务部门的领导参加高管会议并向公司管理部门汇报。

可以建立商业化委员会来帮助分析和考虑实施知识产权的战略。这些委员会通常是该企业的董事会，可以建议在战略上做进一步的工作，或将战略发送给董事会由后者作出执行决策。商业咨询委员会可能是有用的，因为参加者包括企业之外的人，他们设法把技能和经验带到企业中。他们可能讨论资产组合、预期的许可费、竞争对手和客户的分析等问题。大多数关注知识产权的企业都会有一个知识产权评估委员会，它们将会考虑是否应该获得知识产权保护。

尽管公司要求管理者了解知识产权的细微差别可能是正确的，但仅仅创建管理知识产权策略的能力是不够的。❾ 它们必须有有效的知识产权管理策略、有效的组织结构和实现工具。管理知识产权的组织结构有两种类型：（a）集中结构，（b）分散结构。

在集中结构中，这些决定通常是由几个处于最高管理层和少数几个支持他们的人做出的。管理知识产权的决定是在最高层做出的，然后如何管理它们的任务交给了企业内部的下级部门。❿ 一个集中结构的例子是IBM，它集中在企业级别。因为集中结构，IBM凭借其庞大的专利库，在知识产权许可领域成为先行者。IBM的顶层管理分为两个独立的部门，即运营部门和许可部门。运营部门负责IBM的日常管理职能，许可部门负责知识产权组织管理和授权其知识产权给其他公司。IBM的知识产权组分为：（a）技术、（b）法律和（c）业务。这个知识产权组由律师、发明家、销售人员、授权管理人员以及其他与业务有关的人组成。图4.1显示了IBM的集中结构。

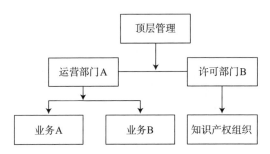

图4.1 IBM的集中结构

在分散结构中，有多个潜在的相互竞争的决策者，任何部门或个人都可能决定承担新项目。在这种结构中，决策是在特定的层次上进行的。⓫ 分散结构对于一个企业来说是有用的，因为企业各业务部门所遇到的知识产权问题并不复杂，而且没有必要跨业务部门平衡专业知识。例如，总部设在瑞士的雀巢（Nestle）包括美国和印度在内的其他国家有52家经营实体。雀巢拥有一个庞大的知识产权库，包括商标和专利。为了管理其庞大的知识产权库，它采取了分散结构。该公司的知识产权资产由Societe des Produits Nestle S. A.（Societe）和Nestec S. A.（Nestec）等子公司管理。Societe和Nestec拥有许多雀巢的商标（如Kit Kat）以及专利和技术知识，它们被许可给世界各地的运营实体。

❾ Lanning G. Bryer, Scott J. Lebson, and Matthew D. Asbell, *Intellectual Property Strategies for the 21st Century Corporation—A Shift in Strategic and Financial Management* (New Jersey: John Wiley & Sons), 4.

❿ Ibid.

⓫ Ibid.

作为回报，运营实体将根据情况定期向 Societe 和 Nestec 支付许可费。雀巢的这种分散结构进一步细分为两个实体：（a）决策部门和（b）战略需求生成部门。前者专注于雀巢最重要和战略性商标的产品开发和商标忠诚度，后者制定营销策略，确定产品推出或即将推出的地域市场。图 4.2 显示了雀巢的分散结构。

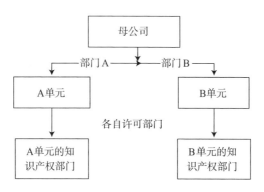

图 4.2　雀巢分散式知识产权管理结构

建立有效的知识产权库

正如迈克尔·C. 沃尔克所言，知识产权的商业化是创造财富的一种形式。任何财富、创造战略都将包含分散投资者风险的措施。同样，一个寻求商业化的企业其知识产权如果采取一种依赖于不止一种知识产权资产的策略，则是更好的。

构建一整套知识产权或更简单地讲，获取大量的知识产权，不仅可以保护该企业的资产，还有助于吸引新的投资者。当然，额外的知识产权资产的价值直接与企业利用这些资产的意愿和能力有关。仅仅为了创建知识产权资产，不太可能保护其地位，也不可能获得企业之外的人的赞赏。

尽职调查阶段/知识产权审计

对企业知识产权资产的审计应当坚定地并以得到企业持有的文件和主要管理人员的面谈文件支持的方式进行。知识产权审计是尽职调查的另一种形式。对投资项目或并购进行尽职调查的标准和原则同样适用。

知识产权审计

知识产权审计信息的收集应包括与企业主要管理人员的讨论，以使审计员能够了解业务的性质，即能够产生收益的核心知识产权。这一阶段的初步调查对于与公司管理层建立融洽关系至关重要，从而获得与公司在商业知识商业化方面相关的潜在缺陷的反馈。这通常可以有效地确定知识产权的关键形式，以及公司对知识产权库进行全面商业化所面临的主要风险。

阶段1：识别知识产权

在现有业务中识别知识产权并不是一件快速、廉价或简单的事情。因此，对企业来说，在着手进行可能是徒劳且代价高昂的旅程之前，仔细考虑知识产权的重要性是非常重要的。然而，如果执行良好，对企业的审计结果就能够完成如下事项的体系：

（1）清楚地了解它的知识产权资产库。

（2）随时识别并记录新的知识产权资产。

（3）确定应用于现有知识产权库的重要风险。

（4）提高其员工和承包商的知识产权意识，使之符合企业的知识产权准则。

（5）成为进行知识产权资产要素商业化的健全基础。

企业对知识产权的审查和审计也将使该企业能够有效地管理其知识产权库，并协助说服潜在的投资者及其股东公司发展的潜力。在没有定义约束的情况下，就有必要了解知识产权审计和知识产权审查之间的区别。知识产权审计应该是一个捕获企业持有知识产权信息的过程。知识产权审查的内容不止于此。对知识产权的审查不仅体现在企业的知识产权上，也体现在企业如何使用其知识产权的问题上。

知识产权审查可以确认知识产权预期目的的健全性和适用性，作为产生额外许可收入的来源，为实现克服竞争对手的战略提供依据，并为员工在研究和开发方面的努力提供认可。这些问题至关重要。任何知识产权审查都需要有一个背景。审查的目的是什么？确定这些实际或潜在的目标将直接影响知识产权的实施方式以及包括报告和资产的确定在内的有形的审计结果。

阶段2：知识产权控制力评估

尽职调查过程的第二阶段是确定企业对所识别的知识产权的控制程度（如果有的话）。这涉及：

（1）确定知识产权的所有权。它是如何开发的？谁开发的？何时开发的？企业在开发或获得方面有什么帮助？

（2）审查适用于该知识产权的许可协议（如果有的话）和其他合同限制，以及与该知识产权的开发和获取相关的所有文档。

（3）审验从上述尽职调查中获得的信息，如注册证书、信函、实验室书籍、合同和保密协议。

知识产权立法大多明确规定雇员在工作中所产生的任何知识产权都将归属于雇主。雇主和雇员之间的区别变得至关重要。这很大程度上取决于知识产权创造者所持有的独立程度以及创造者所承担的任务的复杂性。为了说明这一点，一个共同的问题是知识产权是否是在研究机构的学生的协助下开发的。学生不是研究机构或学术机构的雇员，因此除非通过合同或其他形式的书面协议将他们的权利转让给他人，否则他们所创建的任何知识产权一般都属于他们自己所有。

知识产权类型的具体问题

对企业的知识产权进行尽职调查将受到企业可能拥有的知识产权类型的影响。在知识产权审计中，知识产权审计人员应当检查这些标准是否已建立，或对建立该标准的可能性进行评论。这一步可能很困难，而且耗时。通常不可能获得必要的事实以形成一个关于知识产权是否存在的观点。作为一种选择，这种观点也可以从相关知识产权领域的专家处获得。由于这些原因，在企业能够评估知识产权对其业务的重要性之前，可以先不走这些步骤。

专利问题

专利注册的一个挑战是竞争对手可以根据 2005 年专利修订法案第 25 条提出异议程序来寻求推翻专利注册。

专利检索通常是由专利局的较高资格的从业者进行的，这大多是不完全的。它需要了解那些新的和扩展的领域，需要具备检索数据库和一般出版物的技能，包括印度和国际的数据资源。

知道企业已根据专利法注册其专利，以保护其专利库，对于企业的投资者或购买者可能并不满意。他们希望尽可能舒适地了解专利库的地位是稳固的并得到很好的保护，然后才会开始交易。

专利的价值取决于权利要求限定的范围。如果过于宽泛，就会加大无效的风险。如果过于狭窄，竞争对手就可创造出竞争性的技术，而不必担心侵权。一项适当的尽职调查任务将涉及一名专利代理人审查一项专利的权利要求，根据专利法第 127 条的规定，确定其范围和这些权利要求是否完全基于说明书公开的内容。要做到这一点，知识产权审计人员应审查专利申请、说明书和权利要求书。

判断专利申请是否具备明显的创新，知识产权审计员需要根据 1970 年专利法第 12 条的规定与企业内的专家和其他相关领域的技术人员讨论创新的性质。然后，可以将这些信息与检索结果进行比较，以判断在优先权日之前是否存在现有的技术。

为了进行国际检索，知识产权审计员根据1970年专利法第13条的规定，可能需要采取同样的行为，以查明在专利的申请日之前是否存在现有的技术。如果是的话，专利可能面临挑战，即使这样的信息在申请被接受的时候可能已经存在。根据1970年专利法第14条，知识产权审计员也应审查该企业的文件，以检查其是否已向专利局公开其在专利申请时所了解的所有现有技术。

如果该企业在专利的优先权日之前公开了作为专利主题的创新，而没有保密协议（NDA）的保护，则该专利会面临挑战。技术公开（即使签署了保密协议）会损害专利的有效性。因此，知识产权审计人员希望审查该企业的文件，以检查这些风险是否存在。从专利取得的经济垄断仅限于专利注册的司法管辖范围。印度的专利注册本身并没有赋予专利所有者在美国的垄断权（1970年专利法第46条），知识产权审计人员因此需要确定持有专利的司法管辖区。投资者可能希望知识产权审计人员对主要市场进行更广泛的检索，以确定这些国家的侵权和竞争活动的风险。

应该牢记的一件重要的事情是，企业应该只在那些有经济意义的国家申请专利保护。杜邦公司实施的这一策略取得了卓越的成效，杜邦公司仅在商业经营的地方申请专利保护，从而有助于降低管理知识产权的成本。

商标问题

企业可以拥有许多名称、短语和标识作为其业务的一部分。尽管某个标记不是商标注册的主题，但它可能是有价值的知识产权。知识产权审计人员的任务是找出使用哪个标记可以建立企业的良好信誉。

因此，开始调查一家企业的商标最好的方式是向那些负责营销该企业的产品和服务的人进行咨询。在最坏的情况下，企业商标的不一致使用会危及商标的保护。

知识产权审计人员应找出企业所使用的所有名称、短语和标识以及它们的使用环境。他需要提出的问题如下：（a）它们是否一贯使用？（b）它们是否以一种能使标记受到保护的方式使用？如果使用了标识，则版权也可能存在于商标中。

知识产权审计人员还应对企业或购买者打算交易的每个司法管辖区域和其他市场商业名称登记进行调查。因此，总是有可能一家公司注册了与企业商标类似的名称，这可能导致对于企业的竞争者的侵权索赔，但这取决于商标登记的现有情况，并且也取决于现有竞争商标的历史使用情况。互联网域名注册管理机构也提供了竞争商标的替代来源。检索域名可能出现与检索商业名称登记册相同的问题。

最后，应检查使用 TM 和®商标符号的方式，以确保这种使用符合"1999年商标法"。

辉瑞：最大的制药公司如何管理其商标组合？

辉瑞制药有限公司是全球最大的研究型制药公司，市值 513 亿美元。辉瑞最著名的产品包括处方药立普妥、伟哥和西乐葆。该公司的非处方药品牌包括李施德林（Listerine）、苯拉明（Benadryl）和速达菲（Sudafed）。辉瑞有三个业务部门：医疗保健、动物保健和消费者卫生保健。其产品遍布 150 多个国家和地区。

最近，辉瑞一直致力于提高企业的运作效率，降低成本。集中和精简商标管理流程是一项帮助公司保护其有价值品牌并产生多种重要利益的举措。

由于拥有约 4 万件现存商标，保护其有价值的品牌对辉瑞至关重要。该公司实施全球打击假冒行为，对商标权管理给予持续专业的关注。辉瑞最近也在努力集中并简化其商标支付流程，目标是降低风险和错误的同时提高效率。2004 年，辉瑞开始统一其分散在多个部门和外部法律顾问之间的商标管理流程。知识产权全球服务集团（IPGS）的创建主要是负责商标研究、申请、续展和数据库管理。该集团现在在纽约、新泽西州的莫里斯普莱恩斯和德国的卡尔斯鲁厄有多个办事处。在成立知识产权全球服务集团之后，辉瑞将其部分商标续期的事宜转给了汤姆森知识产权管理公司。❿

通过与汤姆森知识产权管理公司携手合作，辉瑞受益匪浅，例如，一次收购之后，辉瑞发现被收购的公司曾经因为没有或者错误进入系统而失去了一些续展的机会。但自从辉瑞有了良好的知识产权管理体系之后，使它能够确保没有任何损失。

从这个例子中可以清楚地看到，为了维护知识产权储备，需要建立一个强大的知识产权管理系统，并且有企业为其提供服务，以企业的方式来处理他们的知识产权库，就像汤姆森那样。

版权问题

在印度，没有正式或强制性的版权登记制度。这对寻求识别被质疑或无效的版权风险的知识产权审计人员来说是困难的。印度版权的基本元素是：

- 原创

---

❿ "Pfizer a Case Study"，available at http：//thomsonipmanagement. com/docs/CM10158 – 07_ Pfizer-CaseStudy. pdf.

- 由印度公民创作

- 发表或传播

审计人员在处理版权问题时必须提出问题，例如：（a）谁创作的作品？当版权作品是作为合资企业或合伙企业的一部分而创作时，这尤其是一个陷阱。（b）怎样创作的作品？（c）是否涉及使用其他版权作品？如果是这样，（d）企业或作者是否拥有使用该版权作品的许可，并将其作为衍生作品的一部分加以利用？这可能成为软件的陷阱，因为许多软件产品依赖于其他应用程序才能够正常工作。（e）创作这个作品很难吗？如果不难，可能被认为版权不存在于技术中，因为创造该技术并未投入足够的技能或专业知识（因此工作不是原创的）。

如果版权作品被用于或可能被用于国际交易，则版权法第九章规定，知识产权审计人员应检查版权作品是否标有ⓒ符号和适当的版权声明，以确定对国际市场的保护是否得到维持。

专有技术和保密

正是专有技术秘密对贸易具有内在价值，往往会给企业带来竞争优势。正如第3章所讨论的，法律保护专有技术的商业化基础在于能够在一定程度上对该技术进行保密。

仅为了知识产权审计的目的，企业可能没有必要向知识产权审计人员披露知识产权的实质内容。从尽职调查的角度来看，知识产权审计人员需要了解企业保护构成专有技术的方法和信息所规定的程序。如果这些程序已经到位，知识产权审计人员就可以继续假设，专有技术本身符合机密保护的法律标准。如果采取这种方式，企业和投资者应该承认并接受尽职调查报告具有一定的限制条件，即知识产权审计人员不考虑专有技术的性质，也不评论法律保护的诉求是否可以证实。这对投资者来说，可能是一个实质性的限制条件。例如，它可能包括在文档中包含的版权，这些文档列出了专有技术方法，或者任何嵌入在使用该软件的方法中所产生的专有技术或其他技术的软件。

知识产权审计人员通常要研究和分析：

（1）正式的书面记录，如果有的话，在专有技术的范围内阐明方法。

（2）保留这些书面记录的机制是保密的，并确保使用是合格的。

（3）要求企业内部和外部人员签署保密协议。

（4）保密协议的追踪和归档。

（5）保密协议的稳健性包括对可能存在的技术的描述。

比较适当的做法是对整个行业进行检索，以测试这些专有技术是否真的属于机密。显然，这必须与企业密切协商，以使企业在任何时候都对知识产权审计人员适用于此任务的过程感到满意。知识产权审计人员和企业必须仔细考虑知识产权审计人员在进行这些调查时发布信息的范围。这一检索可能包括对相关行业的文献进行审查，对市场上的关键人物进行采访，如其他企业家和研究人员，以及对贸易出版物和专利注册的审查。最终，这些检索的范围将取决于专有技术对企业产生收益的重要性。

知识产权审计人员应从企业内的关键管理人员包括销售和营销领域的工作人员那里获得书面确认，确认这些人不知道，任何可能导致他们相信该专有技术现在已经在未达成 NDA 以及在遵守企业为确保机密性而订立的其程序性规则的情况下，向未经授权的人员披露的事情，并遵守企业为确保机密性而实施的任何其他程序。如果无法获得此证明，则知识产权审计人员有权以此证明其报告合格。

审计常用文件⑬

知识产权审计人员至少要求检查和审核以下文件：

（1）所有有关注册的申请及注册证书。

（2）所有与保护、维护及实施有关的文件，它们均可向审计员提供有关竞争对手的指示（他们可能已针对该注册申请或潜在侵权人提出异议）。

（3）许可和转让协议（包括进出口企业两类）。

（4）所有知识产权的实验记录和其他研究记录，使知识产权审计人员能够确定发明人，并与任何专利申请或注册相协调。

（5）保密协议——这些将展示企业认为具有价值的专有技术和商业秘密。

（6）详述企业应用流程或者方法的手册。

（7）影响知识产权的所有诉讼文件（包括可能涉及技术或者合同纠纷的文件）。

（8）资助研究和开发知识产权的协议，这将使知识产权审计人员能够确定其他各方是否对知识产权拥有所有权。

（9）所有由企业雇用或承包的与知识产权有关的研究人员出版的出版物。

（10）企业为推广其知识产权所依托的技术所使用的所有营销材料——这将使知识产权审计人员能够确认所有商标是否反映了企业业务过程中使用的术语、短语和标志。

---

⑬ This concept has been summarized in Paul McGinness, *Intellectual Property Commercialisation：A Business Manager's Companion* （Australia：Lexis Nexis Butterworths，2003）.

（11）所有与可能参与开发知识产权的人有关的文件（如咨询协议、奖励协议、工作场所协议、执行合同等）。

（12）知识产权政策和手册。

建立业务的机会

企业应该重点关注那些能够通过利用其知识产权来提高其营利能力的领域。这主要集中在建立竞争优势的现有或新领域。这可能需要：

（1）进行新的研究和开发。

（2）快速跟踪现有的研究和开发（可能对企业的资金有影响）。

（3）重新查询企业的知识产权库。这可能需要申请注册新的知识产权，扩大现有申请注册的范围或加快检查。它还可能需要采取"专利闪电战"。

（4）通过建立知识产权实施战略来攻击竞争对手，加强对竞争对手注册知识产权申请的监控，并对这些申请提出异议。

（5）通过交叉许可、联合品牌服务或产品或收购其他企业，与竞争对手和业内其他公司建立联盟和协议。

企业应该始终关注其在以下三个不同类别的知识产权组合：

（1）能够帮助企业开展业务，并可以得到许可和保护的知识产权。

（2）有被包含在业务范围内之潜力的知识产权。

（3）没有商业价值的知识产权，这种特殊的知识产权可用于许可，也可采取任其过期或放弃。

陶氏化学（Dow Chemical）采用了这种策略。该公司的案例研究将在本章后面几页中详细讨论。

知识产权的持续披露

健全知识产权组合的重要一点是确保任何知识产权审计都得到企业和企业内工作人员和贡献者对知识产权内部披露的持续承诺的支持。对于企业的工作人员，可以通过"胡萝卜加大棒"的方法来完成。可以提供激励和认可，以促进知识产权的披露和团队合作式的开发。对于任何知识产权的披露，员工和承包商的合同也应明确规定企业的期望。

让员工了解他们所参与的知识产权保护和商业化的进程，可以强化这些简单的步骤。员工应该有一个易于使用的系统来告知新想法。对于被企业排斥的知识产权，通常给员工一个使其商业化的机会是值得考虑的。

经常被忽视的一点是，对员工和承包商进行离职面谈，尽可能多地找出关于创建任何未公开的知识产权的信息，包括这些人认为企业可以怎样更好地处理知识产权管理问题的信息。

知识产权登记和数据库

通过知识产权审计从企业收集丰富的信息，应该以能够持续使用和维护的形式进行获取。有两种可能发生的形式，第一个是登记注册，以寻找与该企业持有的知识产权相关的核心信息。

第二种形式是建立一个数据库，帮助企业对知识产权审计结果进行战略分析。这必然涉及知识产权登记，但它的功能不止于此。以下功能在任何知识产权数据库的开发中都很重要。❶

知识产权数据库功能

（1）识别具有价值但未使用的知识产权。

（2）不同信息的访问权限。

（3）识别不良资产。

（4）知识产权的优势和弱点。

（5）反映企业的战略方向。

（6）确定知识产权库的维护成本。

（7）根据产品/服务/业务行业等具体参数组合专利。

（8）确定潜在的或实际的竞争对手。

（9）易于修改和添加相关人员的新信息——既不费时也没有技术难度。

数据库应该在软件平台上开发，使字段能够被选择和迭代使用。企业必须对它想要从这个数据库中得出的报告的性质进行慎重的考虑。理想情况下，应该在企业的内部网建立数据库。

维护知识产权

在花费时间、精力和金钱创造了知识产权之后，实施知识产权管理战略的企业应该采用一个系统来维护知识产权。这不仅仅是支付注册费，尽管这一功能的重要性不应被轻视。知识产权的维护还需要使企业能够针对"侵权者"

---

❶　K. Hale, "Creating the Portfolio Database", in *Profiting from Intellectual Capital*, *ed.* Patrick Sullivan, (New York: John Wiley and Sons, 1998), 132－133.

实施其垄断权利，使用适当的标记来指明知识产权的所有权，并明智且审慎地挑战其他人（特别是竞争对手）的知识产权，此时，其结果可能引发对该企业知识产权有效性的反击。

最重要的是，知识产权管理应该定期审查知识产权对企业的重要性。这些审查将向管理层证实，考虑到保留知识产权的收益，维护知识产权所产生的成本是合理的。当然，这种分析不能由任何一个人或者单位来完成。这不单单是律师、营销团队或者发明家的工作，还涉及所有确保企业战略方向的角色。在某些情况下，这个审查过程将涉及与特定市场和地理区域相关的趋势和机会的评估。这种成本效益分析包括对可以减少成本方面的关注。以良好的财务管理方式来管理费用发生的出处将会最大化知识产权的价值。企业是否雇用太多的知识产权顾问？企业是否可以使用更少的顾问来为企业提供关于其知识产权和使用的一致质量信息？登记系统能否在不同地理区域同步，以实现规模经济？

选择知识产权进行商业化

找到一个拥有知识产权组合但没有策略来最大化该知识产权组合效用的企业并不罕见。这样的企业很有可能是按照"研究推动"的方式来创造知识产权。在这种环境下，企业面临着确定将哪些知识产权商业化的困境。如果企业采取了市场拉动方式，那么仍然有必要重新确认商业化战略，并优先考虑通过研究计划开发的其他形式的知识产权。

企业应该像经营中使用的其他资产一样评估各种形式的知识产权。其中哪一个将实现其目标？这些问题可能包括以下内容：

（1）知识产权的商业化能够使企业实现和保持竞争优势吗？知识产权能让企业与竞争对手区别开来吗？

（2）会使企业获得市场份额吗？

（3）知识产权能够使企业启动其进一步发展的战略吗？

（4）是否有最好的成本/风险/收益分析？

（5）能否实现更广泛的公共政策目标，例如为印度谋利益？

事实上，在某些情况下，将知识产权商业化可能并不是更好的方法，而是把它放在一边，直到其他技术得到开发，从而提供新的机会。另外，如果相信其竞争对手一旦意识到该企业新开发的新技术就能迅速赶上，那么保持对知识产权的沉默可能有助于该企业保持竞争地位。

知识产权资产的选择必须按照明确的标准进行商业化。随着企业的战略方向发生变化，该标准可能随之而变化。它还可能根据知识产权的性质而有所不同。这可能取决于以前的商业化活动的成败或受企业的预算限制。

如果商业化的目标不仅仅是产生收入，那么以上标准可能需要重新审视。特别是，公共部门将会考虑其他影响因素，因为它们的角色是带来"公共利益"。对于这些机构，下列标准可能是相关的：

（1）为公众的利益而应用技术。

（2）产业或公众对技术的应用。

（3）促进与其他企业的联盟。

最困难的是评估技术的市场潜力。这项调查通常需要了解影响技术需求的因素，包括了解可能影响技术供应的因素。获取信息以评估这些因素可能是困难的；对于大多数企业来说，获取准确信息是困难的。因此，企业将需要使用其商业网络，可能需要聘请顾问来调查相关市场，特别是海外市场。

将权重应用于知识产权评估标准，能使知识产权资产在商业化目标上的排名是合理的。然后应评估标准，以确定可能涉及实现商业化目标的成本，包括进一步开发、咨询、法律和会计服务、保护知识产权或处理知识产权诉讼。最后，企业应该评估知识产权资产商业化的风险，这可能包括竞争行为的威胁，如诉讼，未能留住核心人员，未能成功确保技术上的知识产权保护或由于延迟而失去的机会。

美国在线（AOL）如何管理其未被利用的知识产权：案例研究

2012 年 2 月，美国在线的大股东 Starboard Value LP 写信给美国在线的董事会，强调美国在线拥有 800 项极具价值的基础专利，这些专利没有得到充分利用。800 多项专利涵盖了安全数据传输、电子商务、旅游导航、检索相关在线广告等领域的互联网技术。该信件进一步指出，专门从事货币化和知识产权估值的私人公司建议 Starboard，AOL 的专利可能受到各种领先的 IT 公司的侵权。这封信是由美国在线管理委员会收到的，在几个月内，美国在线管理委员会宣布已将其 800 项专利以 10 亿美元的价格卖给微软了，并会再许可授权 300 项专利权。微软转手又以 6.5 亿美元将这些专利中的 650 项专利卖给了 Facebook。[15]

这个例子显示了美国在线这样规模的公司如何管理其未充分利用的知识产权组合，并获得了经济上的收益。

微软的 Kinect 娱乐系统：案例研究

微软开发的 Kinect 娱乐系统是一个非常有趣的例子。Kinect 娱乐系统允许

---

[15] Joff Wild, "A slowly turning tide", 2013 IP Value (11th Edition, Intellectual Asset Management) at 8.

个人与公司的游戏机 Xbox 360 在无需游戏控制器情况下进行互动，只使用手势和口头命令。在 Kinect 娱乐系统推出后的前 60 天，微软售出了约 800 万台，成为消费电子产品中销量最快的产品之一。在 Kinect 娱乐系统的整个发展过程中，知识产权专家与技术领导者和企业高管紧密合作，将该设备在市场上进行定位。该团队开始通过推出地图产品，显示出新产品的潜在差异点。在评估这些要点时，该公司考虑了为消费者创造的利益以及知识产权影响。产品推出以来，微软已经申请了 600 项保护 Kinect 娱乐系统相关的创新专利。最重要的是，公司能够避开拥有丰富现有专利的领域，减少未来法律纠纷的可能性。

类似于知识产权和研发活动的整合，微软的商标、版权和商业秘密小组与营销团队密切合作，以开发新品牌。公司最初考虑了 90 个名字，并与消费者进行了测试。同时，在全球范围内进行商标检索。最终只有 8 个名字在入围名单中，微软完成了一项国际商标审查程序，从多个司法管辖区寻求了约 100 个独立法律意见。该公司最终提交了 4 个商标申请。市场研究表明"Kinect"将会获得最好的回应。

这个例子表明知识产权管理与研发和市场营销的紧密结合对于那些在内部开发重要技术的公司来说是至关重要的。

知识产权管理工具

除了知识产权数据库以外，企业可以做一系列简单的事情来协助其知识产权管理：

（1）知识产权培训使企业内的所有相关人员了解知识产权制度，并有机会表达观点和见解。

（2）员工和其他资源对于维护数据库非常重要。数据库可能很快就变得冗余。

高级管理人员以及首席执行官对任何知识产权管理战略的成功都是至关重要的。除非得到企业领导的全力支持，否则知识产权管理的策略注定要失败。信息共享论坛有助于最大化企业在处理其知识产权资产时可用的选项。这意味着经理、研究人员和律师之间需要沟通。

财务报告制度也可以适当促进知识产权管理。定期管理报告中的标准项目表明维护知识产权资产的成本将有助于 CEO 和委员会衡量知识产权管理工作是否为企业带来收益。

陶氏化学：案例研究

Herbert H. Dow 于 1897 年成立了陶氏化学公司。1898 年该公司首次商业化生产漂白剂。今天，陶氏是一家领先的科技公司，提供化学、塑料和农产品。截至目前，其年销售额高达 300 亿美元。公司服务于 150 多个国家和地区，在卫生、医药、食品、交通、个人家居护理、建筑等领域都拓展了广泛的市场。

陶氏从一开始就管理其专利组合。随着公司的发展，公司的专利组合是由公司的各个部门管理，如陶氏专利部门、发明部门等。

不久，公司的管理层就认识到，陶氏拥有大量的知识产权组合可以作为公司的资产。众所周知，知识产权意味着拥有合法所有权的企业的资产。陶氏将无形资产定义为知识产权资本和智力资本。知识产权的含义与前文所述相同。知识资产被定义为为公司提供价值的编码知识，智力资本被定义为具有潜在价值的所有知识。[16]

当陶氏意识到知识资产和知识产权的潜力时，立即建立了知识资产管理团队（IAMTS）。这些团队通常是由业务领导发起的跨职能团队，代表关键技术领域和核心业务中枢。

IAMTS 的工作是处理公司的知识资产并利用知识产权资产。陶氏已经从 IAMTS 获得了巨大的收入，并通过该系统确保了获得许可收入的机会。在 2000 年，许可收入从 1994 年的 2500 万美元增加到 6000 万美元。

在 21 世纪，陶氏的战略发生了变化。它现在利用其知识资本，已经建立了知识资本管理（ICM）计划。在 2000 年，第一个 ICM 计划启动了名为聚氨酯（Polyruethane）的产品。在 ICM 模型方面，陶氏化学有三个组成部分：[17]

（1）企业资本，包括商业模式、硬件、软件、数据库、专利、商标、版权和其他编码知识。

（2）人力资本，包括企业中每个人的知识、经验、创新能力和解决问题的能力。

（3）外部资本具有开放创新的所有特征。在这个部分中，公司与战略合作伙伴、投资者、社区、供应商等进行联系。

ICM 代表其工作中所体现的所有增值资产，包括知识产权等，而 IAM 代表创造和提取组件的价值。ICM 是管理陶氏化学以外的无形资产的下一个逻辑步骤。[18]

---

[16] C. W. Holsapple, *Handbook on Knowledge Management：Knowledge Directions*（New York：Springer, 2003），493.

[17] Julie L. Davis and Suzanne S. Harrison, *Edison in the Boardroom——How Leading Companies Realize Value From Their Intellectual Assets*（London：John Wiley, 2001），154 – 155.

[18] Ibid.，155.

通过采用 IAM 计划和 ICM 计划, 陶氏受益匪浅。借助于 IAM 和 ICM 的帮助下, 无形资产对公司的收入增长有很大的影响。[19]

IAM 中心主任 Sharon Oriel 表示, 该公司开始将自己视为一家知识公司, 而不是一家化学公司。[20] 这就是陶氏化学公司管理其无形资产的方式。

正如前几章以及本章所讨论的, 知识产权的价值链从创新开始到商业化, 对今天的企业来说非常重要。世界各地的公司都采用了不同类型的知识产权策略, 以获得巨大的经济利益和市场垄断。公司通过制定下一步行动的战略, 对知识产权更加警惕。如果不讨论目前企业界在处理企业的知识产权组合中流行的趋势, 本章将是不完整的。下一节将讨论如何通过建立一个独立的知识产权控股公司来管理公司的知识产权组合。

知识产权控股公司

知识产权控股公司(IPHC)是独立设立的母公司, 母公司将其所有的知识产权转让给知识产权控股公司, 以达到减轻税务负担和公司重组的目的。在当今充满活力的商业环境中, 对任何一家公司来说, 知识产权都是最宝贵的资产, 没有它, 就没有现在或未来。

IPHC 是在避税港中设立的。有以下几个目的:

(1) 集中管理研发活动, 从而确保知识产权管理的效率。

(2) 企业重组。

(3) 便于授权许可。

(4) 有助于扩大市场份额和开拓新的市场。

(5) 统一法律费用。

(6) 协同管理效应。

(7) 节税。

示例: 2009 年, 快餐巨头麦当劳公司将其欧洲总部从英国移至瑞士, 以便从那里获得知识产权的税收优惠。

做 法

(1) 为了集团或第三方的其他附属运营公司的利益, 母公司创建一个独

---

[19] Julie L. Davis and Suzanne S. Harrison, *Edison in the Boardroom—How Leading Companies Realize Value From Their Intellectual Assets* (London: John Wiley, 2001), 157.

[20] Ibid., 158.

立的控股公司持有知识产权和其他资产。

（2）通过这种做法，知识产权控股公司被基本上与这些运营公司的客户和业务合作伙伴提出的法律诉讼隔离开来。因此，是附属运营公司而不是IPHC与第三方形成了一种合同关系来销售产品或服务，是在IPHC许可同意的条款下来进行销售的。

（3）同样，因为IPHC是一个非交易的关注点，不需直接和任何第三方有合同关系，这使第三方或用户对IPHC提出索赔是不可能的。

（4）另外，将所有知识产权集中在一起，没有一家子公司可以剥夺同一母公司的另一家子公司运营所拥有的知识产权，从而确保效率，及时做出决策并且不存在管理争端。

结　　论

IPHC是否适用于贵公司取决于一系列因素，包括公司的管理结构、现状以及在产品售卖领域的外国司法管辖区。许多公司发现建立和运营IPHC已经带来了大量的税收节约，提高了知识产权资产管理的效率。将这些资产与其他公司的负债分开。在很多情况下，特别是如果一家境外公司未来拥有知识产权资产，在知识产权被创造前，建立IPHC会使利益得到最大化。

第五章
品牌保护与管理

品牌不是产品。它是一家公司的所作所为在消费者心里所创造的大的环境或者一个形象的总和，包括好的、坏的甚至是偏离公司的战略。❶

——Scott Bedburry

> **阅读本章后，您将能够**
> ❖ 了解品牌对于企业的重要性
> ❖ 了解拥有品牌的目的
> ❖ 了解品牌战略的多种要素
> ❖ 了解在选择品牌时所涉及的特点
> ❖ 了解保护品牌的重要性
> ❖ 了解品牌定位及传递品牌价值的意义
> ❖ 了解品牌审计和品牌授权的重要性

"品牌"已成为一系列理念的主题。品牌是一种商标。品牌狭义上是指企业用来使其产品和服务区别于竞争对手的标志。本章关注的是企业用来区别于竞争对手的产品和服务的标志和标记。

品牌的价值可能是企业拥有的有形资产价值的许多倍，可口可乐也许是最突出的例子。根据国际品牌数据显示，可口可乐的品牌价值在 2013 年为 792 亿美元。❷ 可口可乐的商业技术无非是建立在配方的基础上。公司在培育和保

---

❶ "Great Quotes on Branding", available at http：//www.thinkmktg.com/index.php/weblog/comments/great_ quotes_ on_ branding.

❷ Best Global Brands 2013, available at http：//www.interbrand.com/en/best-globalbrands/2013/Best-Global – Brands-2013. aspx.

守秘密配方的安全以及与产品相关的商标效应方面具有竞争优势。

另一个例子是苹果公司，它有价值数十亿美元的品牌价值。毋庸置疑，苹果的品牌价值之所以被提升，是因为最近几年苹果在 iPhone 4 和 iPhone 5 以及 iPad 2 上取得的成功。苹果在 2011 年 5 月以全美国最高的 1533 亿美元的品牌价值击败了拥有 1115 亿美元品牌价值的谷歌公司。❸

近年来，企业是否能认识到自己的品牌价值与其他形式的知识产权的价值一直备受关注。例如，在英国，一项调查表明，1/3 的被调查者都认为他们公司的品牌是最有价值的知识产权类型。❹

品牌的目的

品牌能够用来促进整个或者特定产品或服务的经营。❺ 品牌可以用于推广某种不一定与产品或服务相关的技术。主要目的是提高公众对企业和其产品或服务的认识，并在其顾客脑海中树立良好的形象。这反过来会促使（直接或间接地、有意识或潜意识地）顾客选择这家企业的产品或服务而不是其他竞争者的，从而增加收入和利润，满足股东、投资者和其他利益相关者的利益。

品牌是一种用来区分企业和竞争对手的产品和服务的手段。有证据显示顾客会为一个好品牌支付相当高的价格，并对该品牌保持忠诚。❻

知名品牌可以给企业一个提高其产品或服务的价格的机会，招徕更多的"回头客"，吸引新的客户或介绍新产品或服务。品牌可以提供许可机会，目的是从相关的或甚至不相关的产品或服务中获得额外收入。事实上，品牌许可可能是一种防御措施。

所以拥有一个知名品牌，对企业来说，其商品和服务就可以有更高的价格。利用这些品牌就成为企业知识产权的另一种商业化形式。

品牌化要素

品牌的选择和构建包括许多要素。首先，品牌的管理应当根据整个企业的

---

❸ "Apple Brand Value at ＄ 153 Billion Overtakes Google for Top Spot", available at http：//www. bloomberg. com/news/2011 – 05 – 09/apple-brand-value-at-153-billion-overtakesgoogle-for-top-spot. html.

❹ Pricewaterhousecoopers and Landwell, "UK Intellectual Property Survey 2002", available at http：//www. landwellglobal. com/images/uk/eng/custom/uk_ downloads/ip% 20survey. pdf.

❺ J. Thomas McCarthy, MC. Carthy on Trademarks and Unfair Competition, 4th Edition. Vol I. （n. p. : Thomson Reuters, 2001）Para 4. 18.

❻ "Introduction to Brands", available at http：//tutor2u. net/business/marketing/brands_ introduction. asp.

经营业务来理解，同时，品牌的宣传策略将随着时间的推移而变化。企业不仅要了解客户的欲望或要求，还必须考虑该企业的定位是否能够满足顾客的欲望或需求。这就要了解其他企业是否已经满足这些顾客的欲望或需求，再确定那些竞争对手是否比该企业做得更好。品牌的目标和战略是帮助企业在顾客的头脑中将竞争对手及其产品和服务与该企业区别开来（见图5.1）。

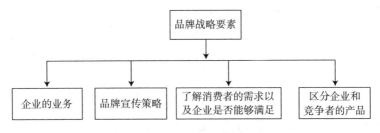

图5.1 品牌战略要素

惠普通过将"创造"的口号作为其品牌的一部分，来强调它是一个智能公司，而不仅是电脑硬件的销售者。惠普的品牌价值在2011年是354亿美元。[7] 半导体芯片巨头英特尔公司推出了"内置英特尔"的口号，以获得广大持有英特尔半导体芯片产品的消费者的认可。它留给消费者的印象是如果PC没有口号，就好像缺了点什么。2011年英特尔的品牌价值是139亿美元。[8]

杰克·特劳特（Jack Trout）在《大品牌 大麻烦》（*Big Brands Big Trouble*）一书中写道，[9] 任何品牌战略是否成功取决于战略的目标。随着企业的发展，战略将会更加多样化和多层次。最终为股东带来利润的企业战略取决于多种要素，企业的管理团队有责任在不同时期评估这些因素的重要性。不同阶段商标的重要性也会发生变化。

要牢记商标的重要性。任何企业与其企业本身的成功和那些负责管理企业的人的声誉有着千丝万缕的联系。除非企业具备业务成功的基础，否则将数千美元投入品牌开发方面没有多大意义。

什么可以成为品牌?

可以作为注册商标保护的品牌形式是非常广泛的。这个品牌是作为一个整体、一个产品或服务或所有的组合而应用于整个企业吗？有充分的理由来区分

---

[7] Supra Note 1.

[8] Ibid.

[9] Jack Trout, Big Brands Big Trouble—Lessons Learned the Hard Way（n. p.：John Wiley &Sons, 2002），182 – 185.

吗？随着企业的发展，客户基础的扩大与其核心业务相关的新机会出现，这些问题会再次出现。

将现有的知名品牌用于新产品或者服务能够为开展新活动提供一个跳板。在一场运动中从事多种活动能够提高效率，这显然能够节省创建新商标所需的时间和费用。当然，这种"商标延伸"也存在风险，如果新的活动并不成功，该品牌的价值或者商誉可能受到损害。如果新活动的领域不同于传统的企业活动，那么在市场上品牌的相关信息就会混乱。从商业化的角度来看，坚持现有的商标也意味着该企业不会建立知识产权组合，这反过来会导致失去其他的利用机会，比如通过知识产权的许可或转让。

品牌的选择

以下五个特点是品牌成功的关键：

（1）可记。它应该简练，读写简易，发音通俗。这可能需要选择一个引人注目的名字，还需使用徽标、吉祥物口号、包装、个性。商标的本质在于指出该商品是属于某特定企业的，这是 1891 年英国一个非常著名的案例提出的。[10]

（2）可用且可保护。一个品牌应该可以在市场上使用，这意味着它未被任何其他企业使用。此外，该品牌应该易于保护。

（3）可转换。跨产品、地理和文化边界的可移植性，以便于企业制定统一战略和市场营销活动，以迎接更多的市场机遇。

（4）适应新趋势。名称和徽标可能名噪一时，但也会被人们永远联想到某个时期，而让人产生"过时"的感觉。

（5）有意义。从某种程度上讲，对于品牌性质不要有太多的描述，以免损害到该品牌的保护。给一个品牌取一个动物的名称，如"美洲豹"，可能在人心中留下一个与动物关联的积极印象。

索尼品牌的诞生：案例研究

"索尼"成为日本科技的巨头充分诠释了上述原则。1958 年以前，该公司的名称仍然是东京通信工业（Tokyo Tsushin Kogyo），其对应的英文名为东京电信工程公司（Tokyo Telecommunications Engineering Company）。公司的领导人认为该名称发音复杂，而且在日本以外的其他民众对它一无所知。管理层认识到，美国是其未来的关键市场。它们考虑用"TTK"作为品牌名称，但其国际

---

[10] *Richard v. Butcher*, (1891) 2 Ch. 522.

竞争对手常用缩写如 IBM、RCA 和 AT&T。公司的创始人之一盛田昭夫（Akio Morita），用了拉丁词 sonnus 的发音，并结合他听见的一个英语表达"sonny – boy"所传递出的青春活力和桀骜不驯正符合他对公司属性的设想。比起说英语的人发的"o"音，森田发出的"o"音很短。因此，索尼这个品牌便诞生了。❶

戴尔：案例研究

戴尔在品牌和广告方面影响深远。它一直是一家睿智的品牌推广公司。公司自成立以来，它的广告和品牌辨识度高并且切合关键的购买因素。戴尔在品牌战略和市场研究上经验丰富。在其网站上，可以注意到其用短词语介绍每个产品的最主要购买要点。这些短词语指向产品，而其品牌则作为一个整体与客户沟通着客户。❷ 戴尔正在使用品牌战略的一个要素（见图 5.1）与客户交流关于各种产品的信息。

"与直销模式相比，戴尔将零售渠道定位于紧张、昂贵、选择有限的途径。"❸ 戴尔标语仍然是"易似戴尔"。

品牌保护

任何品牌战略的基础都是确保品牌得到保护。根据商标法规定，❹ 在选择品牌时，企业应避免名称是来描述商品和服务。根据第 9（1）（b）条的规定，品牌应该避免使用地理名称来表示产品或服务的来源，因为任何人都可以以这种方式使用地理名称。如果使用地理名称，那么商标注册中心有权根据第 9（1）（b）条的规定拒绝为其注册。

有很多关于企业在其品牌中使用首字母缩写的例子。事实上，很难用个人姓名成功地注册商标。在注册商标这方面，注册机构的做法是在接受注册申请之前需要有显著性的证据。❺ 孟买最高法院在一项判决中认为，❻ "Sulekha"根据其普通意义，它被认为是一位女性的名字，并凭借其独特性成功注册。听证官认为，"Sulekha"作为钢笔名称具有独特性，但其意见被否决。

---

❶　J. Nathan, *Sony: The Private Life*（New York: Houghton Mifflin Harcourt, 1999）, 52 – 53.

❷　http://www. dell. com.

❸　Todd Wasserman, "New Ads a 'Go' for Dell", *Brand Week Magazine*, November 24, 2003, available at http://www. allbusiness. com/marketing-advertising/branding-branddevelopment/4680540 – 1. html.

❹　Section 9, Trade Marks Act 1999.

❺　K. C. Kailasam and Ramu Vedaraman, *Law of Trade Marks & Geographical Indications*, *Law*, *Practice and Procedure*, 2nd edition（Nagpur: Wadhwa and Company, 2005）, 108.

❻　In *Mehta v. Registrar of Trade Marks*, AIR 1962 Bom. 82.

通常情况下，企业要想取得商标注册的成功，就必须有已经确立的声誉。从商标保护的角度来看，对于一个还处于起步阶段的企业来说，这并不理想。为了使获得商标注册的机会最大化，企业应该考虑与产品或服务无关的一般的名称，或者开创新的名称。总之，这个标志应该是与众不同的。

避免相似性

选择适当的品牌必须解决法律陷阱。品牌不应该类似于任何现有的品牌，否则该企业可能违反商标法或有侵权风险。

仅仅为了让另一个人或者企业能够获得禁令，投入大量资金，雇用平面设计师、品牌咨询师，再加上设备、媒体和广告的费用，实在是一笔不划算的买卖。在最坏的情况下，由于未经授权使用另一个商标注册人的品牌，你可能还不得不支付额外的赔偿金。

这些陷阱强调在采用一个品牌之前需要进行彻底的检索。企业应该检索以下信息资源并寻求关于这些检索结果的建议：

（1）商标注册机构：根据 1999 年商标法第 6 条。

（2）域名注册。

（3）一般网络搜索。

（4）贸易和电话目录。

（5）品牌汇编出版物。

（6）公司注册：公司法第 147 条和第 148 条。

（7）企业名称注册。

品牌若属于版权作品，企业使用品牌应该寻求作者的同意，因为没有征得其同意，这种使用可能侵犯作者的人身权利。

有些名称不能作为品牌使用

商标法规定了在商业过程中拒绝商标/品牌注册的理由。根据商标法第 9 条和第 11 条的规定，某些名称是不能接受注册的。这将限制企业对品牌名称的选择。

确保所有权

根据 1957 年版权法案第 17 条规定，任何图形和徽标的知识产权的所有权，在版权范围内将归作者所有。任何企业与图形设计师合作以协助开发品牌的企业必须确保合同将版权或其他知识产权的所有权与相关的保证和赔偿转让给该企业。

谁是品牌战略的目标受众？

在品牌战略中最重要的方面是目标。每家企业应该问自己的第一个问题是：谁是目标受众？一旦发现目标受众，那么应该选定品牌并营销产品。企业家应该对其技术、产品或服务的预期市场有一个清晰的认识，这将直接影响企业对品牌、企业想要与品牌联系的信息的选择以及如何传达信息的选择。还应该注意的是，品牌中应该有一个共同的或核心的线索，这个品牌适用于任何受众，否则品牌的商誉就会被分散，从而淡化品牌的效应和价值。

重　点

针对目标受众的两条关键管理原则是：

1. 定位你想要的品牌是什么。
2. 通过沟通在顾客心中产生一种期望，即顾客心中的品牌都是什么。

在每一类受众中，品牌策略可能是不同的。不同国家的顾客可能以不同的方式对商标或沟通方式作出反应。进入外国市场，带来了其特有的挑战。应使用国产品牌吗？应起一个新的品牌名称吗？

在一个由价格或质量决定的类别中的受众还可再分为不同的部分。企业可能希望出现在市场的所有或多个部分，在这种情况下，企业可以建立一个品牌层级，使企业能够利用与已有商标相关的商誉，并在商品或服务领域进行差异化营销。

提高品牌对企业内的员工知晓度的策略可能是为了避免在企业内部不一致地使用商标，影响顾客在日常生活中听到或看到品牌的使用情况。或者品牌战略可以用来鼓励员工的士气与价值观。当 IBM 寻求在个人计算机领域重新确立自己的地位时，它印制了 8000 份《IBM 品牌形象的精神与含义》，用于内部分发。它设定了 IBM 形象的原则。其关键的战略优势是克服了多年来所开发的 IBM 标志在使用上不一致的问题。**❶**

---

❶ Alex Simonson and Bernd H. Schmitt, *Marketing Aesthetics：The Strategic Management of Brands*，*Identity and Image*（New York：Free Press, 1997），55 – 57.

品牌定位

　　企业想要传达给与商标相关的受众的信息是什么？企业想让顾客联想到其品牌会有什么感觉？这可能与企业希望实现的利润有关。Big Bazaar Stores（未来集团）的目标是在低价、大容量的零售组合商品市场，梅赛德斯奔驰的目标是价格高、销量低的汽车消费者。两家公司在各自的市场上都被公认是领跑者。一个寻求扩张进入新市场的企业必须评估其现有的品牌是否能够将其带到它所希望的在新市场中建立的地位。当一个品牌已经建立了一种以质量为中心的联系的情况下，就不太可能在一个类似的领域但在不同的质量水平或服务水平上使用相同的品牌。如果这个领域完全不同，那么扩展品牌可能带来战略上的好处。

　　联想/IBM 的品牌定位：案例研究

　　联想已购置 IBM 的个人电脑事业部，这正得益于 IBM 在制造个人电脑时所拥有的品牌地位。随着 IBM 品牌的加入，增强了联想在服务领域进行差异化营销和保持行业领导地位上的优势，同时又不承担建立 IBM 高附加值、熟练工人操作的成本。联想以将近 12 亿美元的价格收购了 IBM 的个人电脑部门。这一价值的很大一部分源自于 IBM 的品牌，而不是其有形资产。IBM 品牌对联想来说是一个福利，因为它消除了联想在中国境外销售产品的障碍。现在看来，它似乎是一个更可靠和值得信赖的技术公司，甚至对那些完全意识到个人电脑事业部现在已经是联想而不是 IBM 的消费者来说亦是如此。仅仅是来自像 IBM 这样高度受人尊敬的公司的认可，对世界上任何一个市场的客户都有很大的意义。❸

　　耐克和它的品牌定位：案例研究

　　正如广告顾问斯科特·贝德伯里（Scott Bedbury）在他的新书《新品牌世界》（*A New Brand World*）中所写的那样，耐克在很大程度上重新塑造了其营销市场和产品的地位。耐克成为竞技体育和健身领域的主角。贝德伯里在耐克的任期内，耐克的广告为其核心品牌的定位提供了数千种方法。该公司的广告部一直在不断地更新营销和品牌定位，耐克的设计成为世界上最重要的产品设计之一。该公司定期在市场上推出新产品，产品平均寿命周期从一年降至仅三

---

❸ Chris Grannell，"IBM Reboots"，February 7，2005，available at http：//www. brandchannel. com/ features_ profile. asp？ pr_ id = 217.

个月。[19] 通过这一举措，耐克确保其品牌在市场上处于有利地位。

品牌推广

互联网的影响

许多人认为，互联网的出现可能给品牌带来一个新时代，而且它需要一个应对新的名字和新的法律挑战的不同的战略。网络媒体是否需要一个与线下环境不同的形象？由于品牌是由企业的目标决定的，所以答案在很大程度上取决于互联网在企业的商业模式中所扮演的角色。对于一些知识产权密集型的产品，如书籍和计算机软件，互联网则呈现出一种新的分配方法。对于那些依靠提供个人专有技术的服务来获取收入的企业来说，互联网可能只提供一个新的交流渠道。

现在可用的域名网站数量增加了通过互联网进行品牌推广的复杂性。这也为保护品牌免受网络攻击带来了挑战，因为更多的域名可以使用现有品牌来注册。据估计，一家较大企业将需要注册至少300个名称变体才能保护其核心品牌。当然，选择的广度可能让拥有商标组合的企业有机会扩大商标知名度。从以往来看，一家企业必须对其想要在网络环境使用的品牌中做出选择。

麦当劳最初选择使用"McD. com"作为它的域名，当《连线》杂志的一名记者注册"麦当劳"时，这一举动被发现了，从而产生了一项和解协议，即麦当劳为一家纽约学校提供了个人电脑，以获取麦当劳的域名。[20]

使用元标签使网站能够被互联网用户发现。这为竞争对手打开了一扇门，以吸引顾客，提高品牌知名度。它也有潜在的法律风险。如果元标签实际上是另一个人的商标或品牌，那么真正的商标所有者可能以商标侵权或欺骗行为而起诉。然而在美国，法院认为，未经授权在元标签中使用品牌是违反美国商标法的。[21] 根据印度法律，这类行为是否需要承担责任是有疑问的。需要注意的是，印度的任何法院都没有对元标签的判例法作出裁决。

在互联网时代，在 Web 站点之间使用超链接是很常见的。互联网的发展已经导致许多品牌在虚拟领域站稳了脚跟。公司使用包含其品牌名称的超链

[19]　Scott Bedburry, *A New Brand World*（New York：Penguin, 2003），4.

[20]　J. Quittner, （1994）. "Billions Registered, Wired", available at http：//www. wired. com/wired/archive/2. 10/mcdonarlds. html.

[21]　*Brookfield Communications, Inc v. West Coat Entertainment Corp.*, 174 F 3d 1036（9th Cir April 22, 1999）.

接，以便让人们点击各种网站来生成流量和销售产品。到目前为止，印度法院还没有涉及任何公司超链接的商标侵权案件。再者，还要考虑是否存在混淆的可能性。如果链接有引导用户到另一个站点的效果，那么就不太可能出现混淆，甚至不能"作为一个商标"使用。但是，如果链接把用户引导到竞争对手那里，那么则有理由认为用户可能被误导。这很大程度上取决于竞争对手网站的介绍。

管理品牌

为企业或其产品和服务确定了品牌之后，企业的管理者仍有责任维持对该品牌的保护。通常，这涉及三个原则。

重　点

1. 商标的一致使用——不改变品牌核心要素的结构，除非这种变化是由企业业务的参数变化决定的。

2. 一致地使用与品牌相关的信息、价值或属性。

3. 确保市场营销和经营活动以及员工向市场发出的信息强化了"品牌定位"。这种强化的形式在很大程度上取决于企业的性质、竞争对手如何回应企业的营销和经营成功或失败以及对企业业务的外部影响。

品牌的管理涉及所有参与企业经营的人员。人员或产品的糟糕表现会对品牌产生负面影响。

我们都知道可口可乐是世界上最受欢迎的品牌之一，然而，尽管可口可乐拥有强大的品牌，但可口可乐管理层认为，改变是必要的。可口可乐公司遵循上述三个原则来管理品牌。像可口可乐这样具有超级品牌的企业文化，可能使得管理者对产品过度自信，同时危险随着时间的推移，在整个公司积累的过程，公众会对这个品牌感到厌烦。[22]

因此，可口可乐公司多年来经历了彻底的变化。当首席执行官罗伯特·戈伊苏埃塔（Robert Goizueta）掌管事务时，他证实该公司的收入低于其资本成本。因此，他带领可口可乐公司经历了管理结构的巨大变化，通过调整企业和管理人员的考核方式，彻底改变与可口可乐装瓶厂的关键关系，使公司业绩有

---

[22]　Edward De Bono and Robert Heller, "Thinking Managers, Coca Cola Management", available at http：//www. thinkingmanagers. com/companies/coca-cola. php.

了惊人的改善。❷

品牌管理责任

品牌对企业的重要性对谁负责品牌和品牌如何使用等重要决策有一定的影响。更有可能的是，高管和首席执行官将密切参与品牌战略的发展，因为品牌对公司的收益有直接和重大的影响。可口可乐等公司拥有的无形资产占其总市值的92%，更有可能让首席执行官或其他高级管理人员参与其中。❷

---

❷ Edward De Bono and Robert Heller, "Thinking Managers, Coca Cola Management", available at ht-tp：//www. thinkingmanagers. com/companies/coca-cola. php.

❷ Ibid. Also see "The Coca-Cola Company（KO）, Balance Sheet of the Year 2008", available at ht-tp：//finance. yahoo. com/q/bs？ s = KO&annual.

第六章
知识产权风险管理

识别并管理可能严重影响或拖垮企业的威胁被称为风险管理。

阅读本章后，您将能够

- ❖ 了解风险管理的概念
- ❖ 了解风险管理对企业的影响
- ❖ 了解关于知识产权的具体风险，如商业化等
- ❖ 了解知识产权保险的含义与类型

企业不应幻想免受任何风险的影响。风险管理的概念已经在实践中存在了相当长一段时间，进行知识产权商业化的企业，必须了解它的知识产权是否得到有效的保护。

风险管理强调将重点放在目标、项目和行动上，以达到预期的结果，并希望最大限度地减少失败的可能性。在知识产权商业化的背景下，这与签订合资协议、转让协议、进行首次公开发表或获得风险投资有关。出现以上这些情况，企业与双方将会进行有意识或无意识的风险管理。将风险管理作为一个独立的考虑因素，有助于企业做出平衡的判断，减少未考虑到的致命风险。

据北卡罗来纳州立大学会计学教授兼企业风险管理倡议主管马克·比斯利教授（Mark S. Beasley）介绍，"金融高管和企业开始接受企业风险管理的概念，但其实施程度和有效程度仍停留在初级阶段"。❶

---

❶ Stephen Taub，"Risk Management：More Talk Than Action"，June 23，2006，available at http：// www. cfo. com/article. cfm/7104872？f = search.

根据自由国际承销商（LIU）和 Marsh 最近的一项调查结果显示，❷ 令人惊讶的是，"3/4 的风险管理和保险专员，不知道无形资产对企业贡献的大概比例。"这需要引起人们的关注，并在企业的内部予以解决。

企业风险管理：它是做什么的？❸

让我们首先了解企业内部的风险管理是什么？

（1）企业各部门经理对评估财务控制和处理各部门的文件负责。管理这样的数据，可以提高准确性和完整性。

（2）明确控制措施不足的部门，从而制定解决问题的计划。

（3）跟踪优秀行动计划的进展，明确行动负责人，并设定预期的解决时间。这有助于激励员工。

（4）确保系统的数据管理要经过多次审查和验证。

为了制定合适且成功的风险管理计划，在风险管理的进行过程中，实施者需要得到一些所有权。如果它涉及技术专长，无论是科学、法律还是金融，具有特定背景的人都应该参与其中。决策者将对计划的成败负最终责任，因此必须理解并批准风险管理计划。这似乎意味着必须有大量的人参与活动，但在某些情况下这不是必需的。通常参与制订风险管理计划的人数可以精简为几个人。

为实现知识产权的商业化，可将该过程纳入一个包含印度标准若干基本要素的简单方法当中。

风险管理过程可以简化为以下五个任务：

（1）设定或识别知识产权项目的目标。

（2）列出该项目在技术、财务、法律、商业、政治或行政上潜在的风险。

（3）将风险画在采用印度标准规定风险措施的定性风险图表上。印度标准为风险的后果或影响以及风险的可能性确定了五个定性衡量标准。如果风险管理分析的目的是确定一个知识产权商业化项目所产生的关键和重大风险，那么可以肯定的是，不能简化这些分析措施。

（4）确定处理这些风险的方案。

---

❷　The 2011 Intellectual Property Survey Report produced by LIU and Marsh, available at http：// uk. marsh. com/NewsInsights/FeaturedContent/The2011IntellectualPropertySurveyReport. aspx.

❸　John Verity，"Risk Management"，November 17，2013，available at http：//www.cfo. com/arti-cle. cfm/3010975？f = search.

（5）确定执行这些操作的职责，谁将执行这些操作，以及执行操作的时间框架。

这个过程可以为企业提供风险管理或项目计划的风险登记，指导负责准备法律文件的律师应对风险。它是董事会简报的基础，可用于解答审计委员会、审计师、利益相关者和外部调查组关心的问题，例如，公共部门机构的议会委员会的质询。

与知识产权有关的具体风险

法律问题

知识产权商业化会引起一些明显的法律风险：

（1）企业实际上并不拥有或充分控制将被商业化的知识产权。这不仅会阻碍商业化项目的进行，也可能导致项目的终止。

（2）未能申请、适当监控或管理知识产权的注册。

（3）另一方声称拥有知识产权，并对企业提起侵权诉讼的风险。这不仅影响交易的完成，还可能导致赔偿损失并损害企业的声誉。更糟的是，它可能对整个业务造成严重的后果，并且可能导致投资者退出企业，即使对企业知识产权侵权的指控可能并不成功。

柯达和宝丽来对即时摄影业务的历史性专利纠纷是另一方声称拥有知识产权的例子。柯达忽视了宝丽来的专利墙。宝丽来是一个规模小得多的竞争对手，它建立在快速发展的即时相机业务上。正如之前在书中提到的，柯达无视宝丽来的专利，在 1975 年推出了一系列的即时相机和电影，这与宝丽来的相机和电影有着相同之处。宝丽来起诉柯达，经过 15 年的法律诉讼，赢得了官司。柯达为其管理不善的风险策略付出的总成本超过 10 亿美元，其中还包括超过 1 亿美元的法律费用，并导致了 10 年的研发亏损。如果柯达采用了稳健的风险管理策略，密切关注其在市场上的竞争对手，续展商标注册，正确监控应用程序或保留充分的技术创造证据等，那么这一切都不会发生。

印度法庭已经审理了许多涉及侵犯知识产权的案件，这在处理知识产权问题上属于真正的风险。如果知识产权受侵犯或未得到适当保护，知识产权损害的风险可能会达到 10 万卢比。就像微软公司诉 K. Mayuri 女士等人案一样，❹

---

❹　2007（35）PTC 415 Del.

微软卷入了与 Mayuri 的诉讼中。这一争端是 Mayuri 组装和销售硬件时未经授权在硬盘上加载微软的软件。微软知道后，针对 Mayuri 女士提起了侵犯版权的诉讼案件，法院以销售虚假和盗版软件为由判令 Mayuri 女士赔偿 10 万卢比。

另一个案件发生在德里高等法院。❺ 奥多比系统公司（Adobe Systems）对思科机器私人有限公司（Thinking Machine Private Limited）提起了侵权诉讼，因为它们的机器涉及硬盘的装载业务，预装了各种盗版且未经许可的 Adobe 免费软件。这些软件由思科机器组装、销售，吸引了众多消费者购买。德里高等法院下令思科赔偿 9.78 万美元的损失，如果在奥多比的要求后 90 天内没有支付赔偿金，则加收利息，年利率为 10%。除了这些损害赔偿外，思科还需承担 Adobe 的律师费用 5 万卢比。

商业问题

员工未告知或未能告知企业他们明知的想法、创新或创造性的工作，会给企业带来以知识产权为中心的风险。该企业面临的后果包括无法吸引投资者（因为它没有足够的知识产权组合）、削弱企业的竞争优势、盗窃或不当披露知识产权（特别是保密信息）等。据报道，2001 年 5 月，朗讯科技发现，它的两名员工向一家总部位于中国的有竞争力的公司披露了与其技术相关的商业秘密。工作人员被捕，显而易见，该工作人员的目标是在"偷来的"技术背后建立一家大型电信公司。❻ 在涉及商业秘密的另一起事件中，3 名可口可乐员工偷走了可口可乐的商业秘密，包括有液体样品的新产品的细节。最终 3 名员工被抓住，可口可乐对商业秘密的安全程序进行了审查和修改。在这一案件中，世界闻名的可口可乐公司的主要饮料秘方没有受到影响，但它确实在公司的经营圈子里引发了一些问题。❼

虽然知识产权的商业化引发了一些在商业交易或在商业领域并不特别的问题，但由于知识产权的性质，它确实存在一些特殊的问题。因此，只有在知识产权出现问题的情况下，才会出现一些风险。现在，如果我们看看互联网时代，涉及知识产权、隐私的泄露和来自计算机欺诈、商业颠覆和拒绝服务的单方风险，这对在互联网上运营的公司构成了重大的财务风险。

---

❺ CS（OS）946/2004.

❻ Simon Romero, "TECHNOLOGY; F. B. I. Says 3 Stole Secrets From Lucent", May 4, 2001, available at http://www.nytimes.com/2001/05/04/business/technology-fbi-says-3-stole-secretsfrom-lucent.html.

❼ "Coca-Cola Trade Secrets 'Stolen'", July 6, 2006 available at http://news.bbc.co.uk/2/hi/5152740.stm.

监管限制

知识产权的商业化可能因法律限制的存在或引入而受到危害。一个有关限制的例子是，有关在基因生物技术研究中使用干细胞的争论。或者对在线博彩行业的限制，可能影响软件的开发和利用。

知识产权保险

在知识产权商业化的背景下，最相关的保险形式可能是最近发展起来的具有进攻性和防御性的知识产权保险市场。图6.1和图6.2解释了防御型和进攻型的保险。

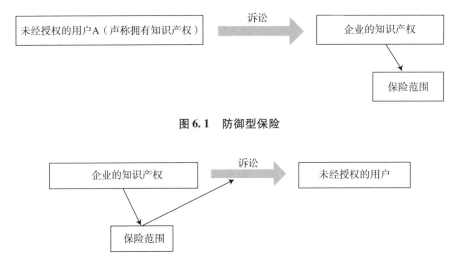

图 6.1　防御型保险

图 6.2　进攻型保险

防御型知识产权保险

在基本条款中，防御型知识产权保险覆盖了企业在被起诉未经授权使用他人知识产权的情况。

进攻型知识产权保险

进攻型知识产权保险为企业提供了一种资金机制，对那些未经授权使用该企业的知识产权的人采取法律行动。在欧洲和美国，知识产权保险市场通常由少数几家保险公司提供，在印度有一些经纪人处理这种产品，尽管这种产品的使用率并不高。

与其他形式的保险一样，获取知识产权保险会涉及通过经纪人收集并提供给保险公司的一系列信息，这会使保险公司能够评估保险被触发的风险水平，当然这将对被保险人企业支付保险费产生影响。信息收集的范围将包括：

（1）知识产权组合、评估和保密政策。

（2）确定侵权的程序。

（3）业务活动说明。

（4）财务信息，研发活动和文件。

（5）转让和许可。

（6）知识产权识别程序和注册文件。

（7）市场描述。

获取知识产权保险的过程并不容易，尤其是在印度。归根结底，做出如此昂贵的保险的决定并涉及成本 – 收益风险分析。如果该企业进入一个现有对手具有攻击性且都愿意利用司法程序来阻止竞争对手进入的新市场，那么知识产权保险就成为一个重要的考量因素。显然，商业运作和购买保险的时机选择是至关重要的。尽早获得知识产权保险的好处巨大。在进入市场之前，早期阶段购买保险通常比较合算，因为可能没有立即或严重的诉讼预期，否则会影响保险人收取的保费。

价值损失保险

这种形式的保险是最近才出现的。它包括知识产权价值的损失，如业务中断造成的损失、商业秘密优势的损失、收入的损失（如特许权使用费或许可费）以及研发费用的损失。这些损失可能是由法院限制该企业使用知识产权而引起的，即使该企业并不是诉讼的当事人。

专业保险赔偿

这是一种常见的保险形式，包含以专业能力提供建议的风险。这种保险通常会覆盖特定形式的知识产权。对于从事临床研究的机构来说，重要的是要确保在临床试验中提供建议的员工得到充分的保险。如果知识产权的商业化涉及专业知识的转移、专有技术的使用或源代码的开发，那么专业保险赔偿将不失为一种适当的保险形式。

产品责任保险

包含因生产、修理或改造而造成的人身或财产损失。这种形式的保险与研发的最终产品有关。通常制造商和分销商会购买这种保险，而不是许可方。

董事及高级职员保险

这包括公司董事和高级管理人员因判决或和解而产生的潜在责任（如违反董事职责），并包括调查费用、辩护费用以及出庭和审讯费用。企业可以采取"补偿政策"，包括企业提供给董事和高级管理人员的任何赔偿。

以合同分配风险

进行商业交易时，双方将着重考虑交易问题所带来的风险。在这一点上有许多为了有效地分配双方之间的风险而谈判的标准合同问题。

在这种谈判中所适用的基本准则是要问："哪一方处于最佳位置，可以最小化或管理特定风险？"进行风险分析便可回答这一问题，包括具体风险以及能使问题最小化的最佳人选。知道这些答案，就有可能协商出基于这些原则的合同条款。当然，合同谈判从根本上讲是讨价还价的活动。尽管它可能是最大限度地降低风险的一方，那么另一方可能别无选择，要么根据合同接受承担这种风险，要么完全放弃交易。

在知识产权商业化的背景下，需要了解一些需要风险管理情形的例子：

（1）如果该企业开发了一种技术，那么企业处于最佳的地位去最大限度地减少潜在知识产权侵权的风险。这在一定程度上取决于其他合同方的作用。如果知识产权是以合作的方式开发出来的，那么风险的分配可能是通过相互的赔偿和披露，或根本不赔偿。

（2）由企业提供基本知识产权通常会导致该企业承认并保证由于使用该基本知识产权而产生的任何知识产权侵权行为的风险。在这些情况下企业在各方之间处于最佳地位，可以最大限度地减少未经授权使用该知识产权获取或开发的风险。

（3）技术的支持和维护通常会导致将风险分配给该支持或服务的提供商。风险可能是由于该提供者的疏忽造成的损失或责任。

（4）提供遗传材料通常会导致将风险分配给该材料的提供者。

（5）技术的分销通常会导致风险分配给经销商，因为一旦其控制了技术，或者对消费者产生了错误和误导性的陈述，就会导致产品的误用。

风险分配要求在潜在的下游谈判中所涉及的关键管理人员清楚地理解与技术相关的技术方面，包括围绕其开发或收购的环境方面。

免责声明/排除条款

交易的一方通常会设法限制其所承担的风险，对其行为产生的任何后果或以其他方式排除责任不承担任何责任。谈判条款的一个重要因素将是另一方在技术和适用的知识产权方面能够履行的尽职调查程度。如果企业已经允许其他方检查诸如实验室记录的相关文件，则对方可能愿意接受免责声明。这是因为另一方有机会评估自己的风险、退出交易或者修改其价格（如果是买方或被许可人），以回应进行尽职调查的结果。这在收购涉及技术转让和知识产权转让的企业中很常见。

这种情况的限制因素是，在允许获得支持文件的情况下，知识产权的商业化可能披露商业秘密，或至少有这样做的风险。企业必须权衡从正在完成的交易中获得的利益，这种交易中存在的风险即合同条款不包括免责条款或丧失竞争优势的风险，这种优势的丧失是因为它通过一个尽职调查过程将其商业秘密或其他有价值的信息披露给其他各方。

赔　　偿

赔偿可能是任何商业交易中最具争议的合同条款之一，包括处理知识产权商业化的交易。它们是所有可能对第三方承担的风险责任的一种表达形式。商业化当事人往往对赔款敏感的一个原因是赔偿条款的广度。许多律师常常很容易忽视这样一个事实，即如果一方当事人实施了非法行为或不作为（在没有任何其他条款的情况下），它将对另一缔约方承担责任。因此，在协商赔偿条款时，有必要进行以下分析：

（1）赔偿试图解决的风险是什么？是否明确？

（2）是否有可能由于被要求赔偿的一方（"赔偿人"）的不法行为而产生风险？这可能是赔偿人的疏忽、赔偿人违反合同条款或者是违反法律规定的赔偿责任。

（3）风险是否仅限于赔偿者或其代理人的作为或不作为？如果是这样，那么在没有赔偿的情况下，法律风险与法律赔偿没有什么不同，因为赔偿人在任何情况下都必须因本人及其代理人的不法行为赔偿对方。如果赔偿意味着使赔偿人对其分包商的行为负责，则可能有其重要的原因。这部分取决于赔偿人与分包商的合同安排。如果这些安排是"背对背"的，那么对赔偿人来说可能没有实质性的后果。

（4）赔偿人必须支付哪些种类的损失或损害？如果在"当事人－当事人"的基础上支付损害赔偿金和法律费用，那么它也只不过是在没有赔偿金的情况下需要支付的费用。如果超出这些类别，包括以"律师－客户"为基础，甚至以"赔偿金"为基础支付另一方的法律费用（如果对方承担所有的法律费用），则赔偿人必须考虑一下风险有多大。这反过来又将取决于诉讼的性质。例如，在专利诉讼中，这些费用可能非常高。如果费用涉及罚款等刑事处罚的费用，这也超出了被告通常根据印度普通法所支付的赔偿。

（5）赔偿是否寻求对超出交易范围的行为的赔偿责任？如果是这样，赔偿者几乎可以肯定地将其风险扩展到合理的限度之外，赔偿人会反对有这种范围的赔偿。

由于赔偿可能将企业的风险扩大到不合理的程度，许多企业尤其是公共领域的企业都有严格的预案来处理它们。由赔偿责任构成的这种潜在风险可以通过一些授权来解决，即企业向其有关管理人员授予代表权，要求如果赔偿责任超出在没有任何合同保护的情况下所承担的责任范围，则应满足最高责任限额的限制。

责任限制

如果企业不能排除由特定风险引起的责任，则下一个最佳替代方案可能是限制该责任的范围。这种限制的形式实际上是一个谈判的问题。最常见的情况是，如果该企业被认定有责任，那么就应当通过规定美元数额或一个公式来确定必须支付的金额上限。

责任限制的最常见形式之一是排除"间接"或"随之而引起"的损失。这是一个如果对法定损害赔偿权的理解尚不清楚，可能会使各方混淆的问题。根据印度法律，如果企业疏忽或违反合同义务，这些行为或不作为造成无辜的一方损失，无辜一方有权获得赔偿。违反合同的损害赔偿金额等同于受害方执行了合同一样。在任何一种情况下，损失必然是由不法行为造成的，损失不能太过分。换句话说，无辜的一方所遭受的损失一定是"可以预见的"。

因此同意排除"间接"的一方，实际上是放弃通常根据普通法所预期的损害赔偿的权利。虽然这显然是商业谈判的问题，但一种常见的误解是，间接损失是指法院如果适用标准的法律原则将会判付损失之外的某种形式的损失。由于这些原因，双方当事人应明确了解他们认为是"随之而引起的损失"或"间接损失"的损失类别。如果可以确认，那么这些例子可以作为条款的一部分。这样，如果法院曾经被要求考虑这个问题，它就能理解该责任限制的预期范围。

法院已经表示，"间接损失"将包括损害赔偿的损失、知识产权利润产生的利润损失、企业无法使用知识产权以及获取替代知识产权或技术的成本。❽

---

❽ Halsbury's Laws of India，Para（135 – 1095）.

违约金/罚款

违约赔偿金是对合同另一方违反合同时将支付一方损失的量化。损害赔偿金的数额或者计算损失的方法由合同各方约定。合理之处在于，违约赔偿条款避免了以后企业因其错误行为必须向无过错的一方支付的资金数额的争议。风险在于，对于违约赔偿金确定的金额不是无过错的一方将遭受损害的真实估值，因此被视为处罚，这同时意味着该条款将无法适用，使各方不得不重新谈判要量化多少损失或要求第三方，例如，由法院确定这一损失。

担　　保

如果企业确定的重大风险是另一方未能履行合同义务或未支付款项，那么处理该风险的一种手段就是要求该方寻求担保人履行这些义务。如果该企业与一家子公司合作将技术推广到新市场，那么从控股公司获得担保会比较合适。如果子公司的业绩"低于标准"，控股公司可能拥有资金支持子公司以及实际履行义务的个人。如果主要风险是未支付款项，那么金融机构的担保可能就足够了，其他合同方的财务状况和交易的性质将影响这些选择。

第三方托管

在信息技术领域，要求许可方将其源代码交由第三方托管，这解决了许可方破产或停止交易的风险。通常许可方有义务管理源代码，以保持源代码的最新状态，并授权第三方在特定事件发生时发布源代码。

提示和技巧

如何在涉及两家公司知识产权的商业交易中分配风险？

1. 在合同中设立免责条款/排除条款。
2. 在合同中注明赔偿条款。
3. 担保是分配风险的好方法。
4. 在合同中纳入责任限制的条款。
5. 在合同中附加违约金条款和担保条款。
6. 在技术合同中纳入必要的托管条款。

第七章
知识产权许可

世界各地的企业通过向他人提供技术许可而获得数以百万美元的收入。

阅读本章后，您将能够

❖ 了解知识产权许可的含义

❖ 理解为什么知识产权许可对于拥有巨大专利组合的公司来说很重要

❖ 理解排他、独占和非排他许可的含义

❖ 了解更多关于许可类型的信息

❖ 了解微软、IBM 和麦当劳等大公司的知识产权许可是如何进行的

❖ 了解知识产权许可的优缺点

全球各地的企业都在关注令人兴奋的新创意，这些创意可以产生收益。对于知识产权所有人来说，知识产权许可是产生额外收入的方式之一。它可以自己进行商业化，也可以通过将知识产权许可给他人在其他领域将其商业化，从而获得额外收入。只有通过授予知识产权的许可，知识产权的所有人才可以在自己无法涉及的领域将其商业化。但是在 21 世纪，一个新型独特的概念已经进入市场，导致企业看待知识产权的方式发生了革命性的变化。不同于过去将新理念和新概念融入产品和服务中，今天的创新在创意阶段就被许可或销售给其他公司，以此获得大量的资金。❶

让我们通过历史来理解许可的概念。当东印度公司在印度建立业务时，它来到了 Mughals 的法庭，要求在整个 Grand Trunk（大干道）路上建立一个税收机制（当时使用的术语是"rahdari"），东印度公司在这条道路上进行着若

---

❶ Julie L. Davis and Suzanne S. Harrison, *Edison in the Boardroom—How Leading Companies Realize Value From Their Intellectual Assets* (New York：John Wiley & Sons, 2001), Front Jacket.

干商品的交易。Mughals 允许东印度公司向所有通过大干道的人征税，从而使东印度公司控制了印度的经济命脉之一。这最终导致东印度公司获得整个印度的控制权，并播下了英国统治的种子。通过这个推论，我们可以理解知识产权许可的概念，即把公司的知识产权许可给别人以换取一些回报。

许可是利用知识产权的一种基本机制。虽然某些形式的知识产权需要履行某些手续，但一般来说，知识产权许可属于"太容易的"范畴。任何外行都会问这个问题：什么是许可？仅仅是一种允许某人使用你自己的发明的权利吗？这在一定程度上是对的。知识产权的转让是通过知识产权所有者和个人或实体之间的合法交易完成的。这样的转让产生了一种法律关系，而这种法律关系在本质上是契约性质的，意味着让与者同意转移技术，受让者获得知识产权。这种转移可以以许可证的形式或者转让权利的形式进行。

本章旨在让读者了解知识产权许可的要素，以及大多数许可协议中的常见问题。还包括一些关于世界和印度公司如何从许可中受益的案例研究。

在知识产权许可中定义"控制"

"许可"的基本含义是授予另一个人去做某事或获得某物的权利。问题出现了，是谁控制了知识产权的许可呢？当然，控制知识产权的是"许可方"。控制传统上表现为拥有知识产权的许可方或拥有从其他人获得的适当范围的许可权，使许可方能够控制与技术相关的权利。

通常认为，在商业化的环境中，许可就是将知识产权中的一项权利授予他人。这通常被称为"许可出"。应该牢记的是，许多成功的商业化项目还涉及购买最终可能被商业化的产品或方法的一部分技术的知识产权。这种对使用知识产权的"购买"通常被称为"许可进"。

要　　点

知识产权许可的理由如下：

1. 建立新的业务或产品。

2. 提高被许可方现有业务或产品的竞争力。

3. 作为执行某项业务的一部分。

4. 在被许可方的研究和开发活动中获得效率。

5. 节省时间。

6. 减少进一步研究和开发的风险。

获得许可的决定包括对所期望的技术、涉及的成本、所有权和控制权的法律链、可以与许可方建立的关系以及被许可方的竞争地位进行尽职调查。这是否以一种正式的方式进行，将在很大程度上取决于取得许可在风险、成本和时间方面的重要性。

许可的范围

　　许可协议需要确定以下内容：
- 被许可的财产要素（例如，使用商标的权利，Orange）。
- 知识产权被许可的实体（例如，当地教育中心现在有权自行命名为 NI-IT 特许经营人）。
- 许可的地域范围（例如，仅在印度，或特定的邦和地区）。
- 许可的经营范围（例如，只针对某一特定产品或产品类别的生产和销售）。
- 期限（例如，自许可之日起 5 年）。

　　知识产权许可的条款可能因当事双方的议价能力和所涉及的技术而存在较大差异。尽管如此，许多技术许可都应当注意以下事项。

排他性

　　许可方可以向被许可方授予不同范围的许可。许可可能是独占的、排他的或非独占的。[2]

　　独占许可

　　这种许可是所有许可中最广泛的。在独占许可中，只有被许可方有权使用已获得许可的技术。除被许可方以外，包括许可方在内的所有其他各方均不得使用该技术/知识产权。独占许可或多或少类似于知识产权的转让。许可方保留对技术/知识产权的所有权，但是将其他所有权一并许可。

　　排他许可

　　在排他许可协议中，许可一经批准就可防止许可人将技术/知识产权许可给任何其他公司或个人。除了许可方保留使用该知识产权的权利之外，被许可人独自享有获得知识产权利益的垄断权利。

---

　　[2]　Donald M. Cameron and Rowena Borenstein，"Key Aspect of IP License Agreements"，available at http：//www. jurisdiction. com/lic101. pdf.

非排他许可

非排他许可协议与独占许可完全相反。非排他许可中的许可方可以将技术/知识产权许可给其愿意授权的更多的被许可方。今天的商业软件许可就是非排他的许可。

可转让性

那些授予许可的条款规定许可是"不可转让的"是很常见的。这句话的含义是被许可方没有被授权允许另一个人使用该技术。它的目的是明确地让被许可方注意到许可是专属于被许可方的。知识产权立法赋予的权利是专有财产权。未经许可人的同意，专有财产权不得转让给他人。但是，许可合同与其他合同一样。根据英国案件的基础建立起来的印度法律规定，当事人可以在未征得其他当事人同意的情况下将其合同项下的权利转让给第三方。在这种情况下不但责任仍然存在于转让人身上，而且不经合同其他各方同意，合同一方的责任不能转让给第三方。

因此，如果在知识产权上的许可没有被描述为"不可转让"，那么在没有任何其他合同条款的情况下，被许可方仍然可以转让权利（例如，复制版权材料或利用专利发明）给第三方，但被许可人仍对许可合同下的任何义务负有责任，如支付许可费，不过被许可方可以在一份单独的合同里将这些责任转让给受让人。如果许可方希望阻止这种情况发生，通常情况下，会采取明智的方式说明许可是"不可转让的"。

定义知识产权许可

知识产权的转让是通过知识产权所有者和要取得这些知识产权的个人或实体之间的合法交易完成的。这种转移创造了一种法律关系，这是一种契约性质的关系，它意味着转让方和被转让方对转让和获取知识产权的同意。这种转移可能以许可或转让权利的形式进行。

知识产权许可授权他人去做某事，而在没有许可的情况下，做这些事情就会侵犯知识产权。这属于权利所有者正式许可他人使用这些权利，这个许可是通过一项称作许可协议的协议授予的，这种许可由知识产权所有者授权。

获得许可的人被称为被许可方。然而，许可协议中可能不止一个许可方，可能存在多个被许可方。

地　　域

基于制定法的知识产权立法授予有关印度的相关知识产权所有者的权利。

这些法案本身并没有赋予知识产权所有者在其他司法管辖地区内的垄断权，尽管印度参加的一些条约赋予所有者管辖权。还有一些条约规定，印度授予知识产权所有者在其他国家拥有相同或类似权利，条件是这些国家同意该条约，而且履行了特定的手续。国际互认的条约包括(1886 年的《保护文学和艺术作品伯尔尼公约》、1952 年的《世界版权公约》和 1995 年的 TRIPS。

基于制定法的知识产权的许可方有权控制在印度行使这些权利的相关权利。该许可可能适用于印度的所有或部分地区，如前所述，该许可可能对印度的一部分是独占的，另一部分是非独占的。

如果许可方的知识产权不是国际的，那么允许被许可方在其他司法管辖地区内使用该技术的许可协议（例如，通过授予"全球许可证"）便：

（1）如果许可技术的市场很小，可能对被许可方的价值不大。

（2）可能会产生一种风险，即被许可方认为可代表许可方在印度以外的地区拥有相关的知识产权。这可能是争端的根源。

（3）如果许可合同限制被许可方在特定国际领域进行交易，可能构成贸易限制。

上述风险可以通过以下方法解决：

（1）将许可限制在特定的司法管辖范围。

（2）在许可合同中明确声明，该许可不延及印度以外的任何地区。

许可应明确规定许可协议内的国家，以及许可是否对这些国家具有独占性或不相关性。如果许可人设想它最终将获得更多地域的知识产权，那么应当限定许可的范围以获得这种可能性。

要　　点

在确定哪些国家应该在许可范围内时要考虑的因素包括以下几点：

1. 许可方是否获得或正在获得该国的知识产权注册或其他保护？

2. 在该国成功申请知识产权的前景如何？

3. 如果许可方要在该国提供技术，那么相关国家的竞争对手可能做出什么样的反应？这是否可能导致竞争对手进入或提高许可方在既定市场的竞争水平？

4. 该国是否有一个充分而且成本效益高的机制来保护自己的知识产权？

如有以下情况，许可方应考虑保留终止许可合同的权利。

1. 在许可领域内政府禁止进口技术、支付许可费或者获得收益。

> 2. 被许可方将技术进口到许可的领域——而这种技术已经由另一个被许可方开发出来（无论许可方是否批准了该技术的开发）。

支　付

这是至关重要的，无论是否支付酬金，在任何许可协议中都要进行规定。设定被许可方应履行的最低履约义务可以保护许可方。被许可方可能希望获得许可来消除竞争技术，而不是为了收入。环境可以改变被许可方最初吸引许可方的特质。这些义务可能与所获收入、促销支出的数额或监管的要求或知识产权登记障碍有关。

期限/终止

许可是一份合同。理论上，许可可以在许可方和被许可方约定的任何时间内使用。然而，从法律和商业的角度来看，许可的有效性很大程度上取决于：

（1）技术知识产权的性质。

（2）许可的使用范围。

期限和终止条款应规定当事人的理由、条件、义务以及协议的期限。如果有的话，也可规定展期的范围。它应规定：

● 协议终止的情形（如变更控制或未能达到销售目标或违反协议、破产或逾期付款）。协议也可以通过告知对方而终止。

● 授权的期限（许可被授予一个明确的期限或有限的时间）。

某些形式的知识产权，如保密信息和商标，可以无限期地续展或维护，将不会对许可可能适用的期限有任何限制。但是，附加在该知识产权上的垄断权利只有在该知识产权继续受到保护时，才会继续对许可方和被许可方具有价值。

使用领域：技术的应用

附加于知识产权上的垄断权的范围依据知识产权的类型而有所不同。双方可同意将许可限制在任何一种或多种垄断权利。当事人可以同意根据合同法和反竞争法的规定，以其他方式限制许可。常见的例子包括：

（1）为特定的目的使用技术。

（2）在特定行业中交易技术。

一种好的做法是与未参加许可准备工作但具有该技术的相关产业和应用方面专业知识的人员一起对使用领域的描述进行核验。这将有助于避免对使用领域的描述使用模糊不清的措辞。

许可方的风险在于，授予独占许可的使用领域比许可方预期的范围更宽泛。例如，在生物技术方面，一项发明的所有功能性应用可能在一段时间内不为人所知（比如克隆基因和相关蛋白的生物学功能）。最终，这是起草许可合同的一个功能，并且该任务将由该技术领域的技术人员辅助许可合同的当事人共同携手完成。

分许可

由于许可通常是专属于被许可方的权利，许可授予被许可方许可他人享有与许可方授予的权利相同的权利并不常见。因此，被许可方应在许可合同中寻求许可协议的明示许可，以便在从许可方获得的总许可范围内将知识产权分许可给第三方。如果许可范围内的技术不能授予任何其他许可，那么对排他许可来说，分许可更具有重要性。

许可方在分许可方面的战略优势可能包括以下内容：

（1）被许可方可能能够改进许可技术，从而扩大许可方获得收入来源的机会。

（2）被许可方可能拥有适当的制造、分销或营销网络，通过这种方式，许可技术的商业使用可能得以最大化，尽管被许可方本身可能不使用该技术来达到这些目的。

许可方通常希望获得某种程度的满足，即以符合总许可条款的方式行使和管理分许可权利，并且不存在任何可能影响许可方现有的姊妹许可安排的问题。为此，许可方可能要求被许可方：

（1）使用经过许可方同意的分许可形式。

（2）在涉及某些领域和使用目标的分许可权利之前，征得许可方的同意。

（3）提供任何分许可协议的副本。

（4）通知许可方任何分许可的终止和终止的原因。

（5）通知许可方关于被许可方与其分许可被许可方之间的任何争议。

（6）赔偿许可方因分许可被许可方的行为而遭受的损失。

重　点

许可协议的重要参数有：

1. 排他性。

2. 可转让性。

3. 可撤销。

4. 范围。

5. 付款。

6. 期限。

7. 使用领域。

8. 分许可。

许可的类型

许可协议无非是知识产权所有者（许可人）与被授权使用这些权利的人（被许可人）之间的合作伙伴关系，许可人许可被许可人使用这些权利以换取被许可人支付双方同意的许可费。许可协议的大致分类如图 7.1 所示。

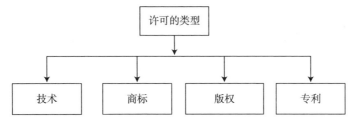

图 7.1　许可的类型

技术许可

在技术许可中，企业的方法、材料、技术、设计、发明、配方、图纸、规格、算法——任何可以用来生产或改进产品或服务的东西都被授权给被许可方。❸ 许可方授权被许可方在某些约定的条款和条件下使用该技术。该合同是双方当事人自由订立的合同，并包含双方约定的条款和条件。在技术行业，版

---

❸　James R. Young，"Technology or Patent License：What's Right for you？" available at http：//www. patentlegal. com/articles/tech_ patent. pdf.

权是用来保护软件的。但是，与其他版权许可一样，技术版权软件许可也需要由希望许可的范围来界定。例如，如果预期的目的是允许对技术进行特定的使用，那么许可协议将是一个最终的使用许可协议。❹ 但是，如果协议的目的是进一步开发获得许可的技术，那么这个协议将是不够的。

在技术行业，许可有多种方式，包括购买许可、出售许可和交叉许可。当一家公司从另一家公司获得许可时，购买许可协议是当一家公司从另一家公司获得技术许可、产品开发许可或预付费用的营销许可时采用的许可方式。这样做是为了快速填充新的产品线。当一家企业以收费的方式向其他企业提供许可时，就会采取出售许可。通过这种协议以减少制造和分销的风险。❺ 交叉许可涉及两家或两家以上的企业，它们在相互交换专利权的情况下达成协议。签订这样的协议是为了充分利用彼此的技术而不受到对方的诉讼威胁。通过技术行业的一个例子可以更好地解释交叉许可协议。在 2011 年 9 月，三星电子和微软达成了一项交叉许可协议。根据协议，微软将获得三星基于安卓的智能手机和平板电脑的专利许可费。三星还将与微软合作开发基于微软 Windows 软件的智能手机和平板电脑。❻ 高通（QCOM）从销售许可中获得 104 亿美元的收入，其中包括其 3G 移动电话技术专利，即 CDMA。❼

案例研究：IBM 许可

自 1911 年成立以来，IBM 拥有悠久的专利历史。它于 1956 年开始进行专利许可，与包括竞争对手在内的其他公司进行交叉许可。在 20 世纪 80 年代早期，台式计算机（PC）的出现及发展对于公司而言变得相当有利可图，IBM 的决策者思考应该做些什么，因为即使它们有许多与 PC 有关的专利，但是它们已经在 PC 制造业失去了竞争优势。❽

IBM 管理层讨论了两个突出的能改变技术产业发展进程的问题。第一个问

---

❹ "End-User License Agreement, the type of license used for most software. An EULA is a legal contract between the manufacturer and/or the author and the end user of an application. The EULA details how the software can and cannot be used and any restrictions that the manufacturer imposes (e. g. , most EULA?? s of proprietary software prohibit the userfrom sharing the software with anyone else) . " http：//www. webopedia. com/TERM/ E/EULA. html.

❺ "Exploiting Intellectual Property in a Complex World", available at http：//www. pwc. com/en_ GX/ gx/technology/pdf/exploiting-intellectual-property. pdf at 28.

❻ Evan Ramstad, "Microsoft—Samsung Deal Strikes a Blow at Google", available at http：//on-line. wsj. com/article/SB10001424052970204226204576598661866214854. html.

❼ Steve Levine, "IBM, May Not Be Patent King After All", (January 13, 2010) available at ht-tp：//www. businessweek. com/magazine/content/10_ 04/b4164051608050. htm.

❽ Supra note 1 at 80.

题是，是否要通过控制 PC 上的专利来实现 IBM 的垄断？第二个问题是，是否要将所有技术许可给其他公司来发展技术产业？

IBM 选择回答第二个问题，并在 1987 年开始了一项许可计划，将技术许可给康柏和戴尔这样的公司，以获得许可使用费。从许可中获得的许可费又运用到研发，以进一步促进 IBM 多部门的协同研发。这帮助 IBM 降低了业务成本并扩大了研发规模。

在 20 世纪 90 年代，当 IBM 决定通过引进新技术并将其向外许可以获得许可使用费来促进技术研发时，这种许可模式被提升到了一个新的水平。到 20 世纪 90 年代，随着 IBM 的被许可者变得更有知识和经验，IBM 得出的结论是，它需要采用一种许可策略从而达到"双赢"（为许可提供价值而不是仅仅许可专利）而不是"输赢"（从使用其专利的公司获得许可费）。通过采用这一策略，IBM 最有天赋的工程师们就如何采用 IBM 技术，从而使得特许经营者能够通过更多改进的产品进入市场，并使被许可方在研发上投入较少的资金等方面的问题对被许可方的工程师进行了培训。在这一策略中，IBM 受益匪浅，因为它通过在许可专利的同时提供技术上的专门知识获得更高的特许权使用费，这有助于在比纯粹许可专利更短的时间内完成交易。❾

我们还必须注意到，IBM 的知识产权管理架构集中在企业层面，并且它已经在知识产权管理的集中模型上建立了许可程序（正如在第四章"知识产权管理"中所讨论的）。IBM 的知识产权组织被分为技术、法律和商业领域，包括律师、发明家、销售人员、许可管理人员和其他商业人士。❿ 这种集中的结构使 IBM 更容易将知识产权组合与公司的运营部门结合在一起，从而帮助 IBM 从一个更广泛的角度来看待知识产权和特定的知识产权许可。

IBM 通过向全球其他公司出售和许可包括专利在内的技术，获得了超过 10 亿美元的收入。以下是 IBM 从许可中获得收入数额的指标：⓫

（1）通过销售、专利交叉许可和其他知识产权转让，IBM 创造了价值 1.38 亿美元的收入。包括被出售给其他公司的知识产权，或者被剥离出来成立新公司的知识产权。

（2）从以许可费为基础的费用中，IBM 每年产生的收入为 5.14 亿美元，其中包括了占收入 40% 的专利许可收入。剩下的 60% 来自技术许可，其中包

---

❾　Dan McCurdy, "Out of Alignment—Getting IP and Business Strategies Back in Sync", in From Assets to Profits-Competing for IP Value & Return, ed. Bruce Berman, (New York?: Wiley, 2009), 9.

❿　John Bringardner , "A Ne wkind of Blue ", (October 6, 2006) available at http: //www. law. com/jsp/article. jsp? id =1202430463695&slreturn =1.

⓫　http: //triplehelixinnovation. com/what-universities-can-learn-from-ibms-ip-licensingstrategies/1998.

括技术诀窍、商业秘密的转移、培训等（如之前所讨论的）。

（3）在包括 IBM 开发人员提供的咨询服务和为运行专有 IBM 软件的客户提供定制的软件解决方案的定制开发收入中，IBM 每年的收入为 5.14 亿美元。

IBM 每年在研发上投入近 60 亿美元。它与客户一起工作，使它们能够通过使用 IBM 创造的知识产权来增强它们的业务。IBM 还建立了集中的知识产权管理功能，并采取必要的措施来识别、保护和最大化知识产权的财务和战略利益。❷

截至 2010 年，IBM 在全球的知识产权组合拥有超过 4 万项专利。大约一半的专利权在美国，剩下的一半在欧洲和亚洲。IBM 的知识产权许可策略的一些要素如下：

（1）IBM 与知识产权相关的收入包括来自许可专门技术、咨询费和其他无形资产的款项，不仅仅是专利。

（2）将选定的 IBM 专利交叉许可给其他公司。

（3）潜在可专利的 IBM 技术有时会被投放到公共领域。

（4）将选定的 IBM 专利捐献给开源项目。

（5）IBM 工程师调查潜在的专利侵权行为。

在每个业务单元中，工程师和律师团队定期召开会议，审查由单位工程师提交的发明的披露形式。大约一半被审查的发明最终被提交专利申请，此时发明人将获得 1000 美元的奖金。如果一项发明获得了专利，发明者将获得第二项奖金。每年，该公司的首席执行官都会奖励三四位做出特殊贡献的发明人。他们的奖励最高可达 10 万美元（见图 7.2）。

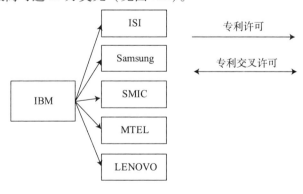

图 7.2　IBM 专利许可

❷　Saif Aziz, "IBM Innovation and Intellectual Property, IP Trends and Strategy", (December 12, 2012) available at http：//bipasiaforum. com/sources/ppt/SaifAziz. pdf.

专利许可

技术许可和专利许可的意思是一样的，但是为了更好地理解，著者用两个不同的标题来解释它们。专利许可是一种企业将已获专利授权的发明许可给被许可人的许可。这种协议对于那些已经在创新和技术上投入了数十亿美元的行业来说是有意义的。专利许可和其他许可一样，通过将专利许可给其他企业，为企业提供通过联合合作创造新的、更好的发明机会。印度公司也开始向国外的公司许可专利，并且已经获得了数百万美元的收入。让我们先来看看微软是如何许可其专利的，再看看印度两家新成立的公司是如何许可知识产权的。

微软专利许可

2003 年，微软开始了大规模的知识产权许可，它决定与其他公司进行合作，与它们共享其专利，这被称为交叉许可。微软认为，知识产权的创造和利用是良性循环的一部分，其中研发活动导致创造更多的知识产权。这进一步导致知识产权以更大的价值考量而被许可，无论是否是以许可费收入的形式等。这一观点使得微软与 Nortel 和 SAP 等公司签署了交叉专利合同，使其能够基于更广泛的产品水平进行协作，从而促成更多的研发。[13] 这种新的许可计划出现是因为马歇尔·菲尔普斯（Marshall Phelps）的领导能力，他是法律和公司事务知识产权集团的副总裁，他帮助 IBM 从知识产权许可计划中获得了 10 亿美元的年收入。微软还创建了一家名为 IP Ventures 的企业，从其庞大的知识产权组合中获得更多的收益。IP Ventures 允许创业公司从微软那里获得技术许可，收取一定的技术许可费用。这些专利包括移动存储设备制造商使用的文件分配表文件系统（FAT），它还与西门子和 Citric 等技术公司签订了协议。

这一知识产权风险投资项目使企业家和风险资本支持的创业公司能够以可承受的许可费从微软那里获得专利。知识产权风险投资项目有一系列专利，这些专利对微软来说过于专业化，或者不再适合公司的优先事项，但有可能成为新业务的基础。[14] 这是微软所采用的"三赢"模式，因为它从专利许可中获得收入，被许可方可以将专利用于开发他们自己的产品，而且人们已经注意到这些专利最终可能在微软自己的产品中找到出路。例如，数字媒体指纹技术，它可以在数字媒体文件中嵌入可追踪的数据，可以用来加强微软的数字版权管理

---

[13]　Marshal Phelps and David Kline, *Burning the Ships*: *Intellectual Property and the Transformation of Microsoft* (New York: John Wiley & Sons, 2009), 45 –46.

[14]　"IP Licensing Expanded to Research", (May 9, 2005) available at http://www. directionsonmicrosoft. com/sample/DOMIS/update/2005/06jun/0605iletr. htm.

服务，而会议 XP，它支持实时多点音频和视频会议，似乎是未来微软协作产品的一个明显的候选对象，例如，实时会议或实时通信服务器。因此，被许可使用这些技术的创业公司可能会发现自己在未来将与微软竞争。[15] 今天，微软拥有超过 1100 项知识产权许可协议。[16]

安卓专利许可——微软

微软最近与大型移动设备制造商签订了几项许可协议。原因是安卓（Android）[17]是世界上最受欢迎的智能手机平台之一，每天有超过 50 万的设备被激活。[18]微软拥有世界上最大的专利组合之一，而且它拥有与安卓技术相关的几项专利，因此安卓的成功正迅速成为微软的福音，微软已经与几家安卓制造商签订了许可协议，以解决专利侵权问题。在签订了几项重要的许可协议，并与三星达成了一项重要协议后，安卓正在成为微软增长最快的赚钱机器之一。[19]

自 2003 年推出该许可计划以来，微软和其他公司签署了 700 多项许可协议，其中至少有 5 项许可协议是与如速度微、通用动力公司和安侨公司等安卓销售商签署的。该公司还与 HTC 签署了专利许可协议。HTC 凭借其安卓手机 EVO 和 Thunderbolt 的优势，在安卓智能手机市场取得了相当大的成功。

每天 50 万台设备，意味着如果每台安卓设备收取 5 美元的许可费用，[20]就将会有约 10 亿美元的收入。微软还与三星签署了一项协议，解决了两家技术巨头之间的激烈争议。根据该协议，三星将为其销售的每台安卓智能手机或平板电脑支付微软 10 美元。最近数据表明，三星出售了超过 1000 万台 S2 智能手机，它将向微软支付 1 亿美元。[21] 安卓可能成为下一个 10 亿美元的业务，也将是有史以来知识产权许可收入最高的创造者之一（见图 7.3）。

---

[15] "IP Licensing Expanded to Research", (May 9, 2005) available at http：//www. directionsonmicrosoft. com/sample/DOMIS/update/2005/06jun/0605iletr. htm.

[16] John Ribeiro, "Microsoft Signs Two New Patent Licensing Deals Covering Android, Chrom", (July 10, 2012) available at http：//www. infoworld. com/d/mobile-technology/microsoft-signstwo-new-patent-licensing-deals-covering-android-chrome-197353.

[17] Trefis Team, "Android Could be a Billion Dollar Business. For Microsoft", (July 11, 2011) available at http：//www. forbes. com/sites/greatspeculations/2011/07/11/android-could-be-abillion-dollar-business-for-microsoft.

[18] Charlie Sorrel, "Andy Rubin：500, 000 Android Activations Daily", (June 28, 2011) available at http：//www. wired. com/gadgetlab/2011/06/andy-rubin-500000-android-activations-daily.

[19] Supra note 17.

[20] Supra note 17.

[21] John Halliday, "Samsung and Microsoft Settle Android Licensing Dispute", (September 28, 2011) available at http：//www. guardian. co. uk/technology/2011/sep/28/samsung-microsoftandroid-licensing-dispute.

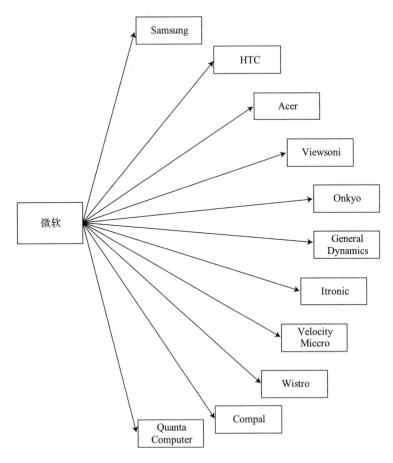

图7.3　微软专利安卓授权

Ittiam 技术公司和 Cosmic Circuit 公司：案例研究

位于班加罗尔之外的两家小型印度公司也开始向其他公司许可知识产权，以获取许可使用费。随着印度知识产权发展的推动，2012 年，Ittiam 财政年度收入达到 2000 万美元。拥有超过 30 项专利的知识产权组合，通过将其专利许可给其他公司，以知识产权许可的方式获得更多的收入。Ittiam 成立于 2001 年，是一家为各种应用提供媒体处理和通信技术的供应商，包括智能手机、平板电脑、视频通信和网络系统、媒体广播系统和无线通信。该公司是印度为数不多成功实施知识产权许可模式的公司之一。Wipro 曾经在 20 世纪 90 年代在

美国创办了一家知识产权公司，但并没有真正获得成功。㉒

受益于知识产权许可的第二家公司是 Cosmic Circuits，该公司于 2005 年在班加罗尔成立，由一群前得州仪器公司员工创立。它提供知识产权许可，并在模拟和混合信号技术领域开发产品，设计各种消费电子产品的半导体芯片。截至目前，它拥有 50 个客户获得其技术许可。知识产权许可获得了大量的回报，Cosmic Circuits 现在被列入印度前 100 家小公司之中。㉓

商标许可

企业使用商标许可来维持全球业务，并创造了第二收入来源。这种协议也被称为特许经营协议。企业可通过各种关系模式进行商标许可：（a）让另一家企业将商标用于许可人正在经营的业务；（b）在共同商标控股公司（MTHC）里通过多个母公司共有一个子公司的形式。带着共享商标的目标，同时认为至少比完全拥有的模式能获得更可靠的收入，企业可能考虑共同拥有 MTHC 的形式。㉔

虽然专利许可非常重要，但商标许可的问题并没有引起太多的关注，尽管许可商标可以降低风险从而显著提高知识产权现金流。㉕

必须注意的是，对于公司来说，最重要的无形资产之一是它们的品牌/商标。应当特别注意让品牌在大众中受到欢迎，通过各种产品和服务来销售品牌，大大增加收入。

版权许可协议适用于个人的文学作品和艺术作品。该协议通常用于他们作品的制造、分销和销售。版权的授权通常是通过转让如拍摄电影、商品销售、电影剧本等有限数量的权利来完成的。这样的协议通常是在畅销图书的作者和出版该书的出版商之间，以及在作者和以戏剧、电影等形式改编书中故事的娱乐行业之间签订的。这也被称为版权衍生策略，在本书的第二章中讨论过。

㉒　K. C. Krishnadas, "Ittiam Revenues Cross ＄20 Million", （March 22, 2012） available at http：// www. techonlineindia. com/article/12－03－22/Ittiam＿ revenues＿ cross＿ 20＿ million. aspx.

㉓　"Building IP Licensing", （October 4, 2010） available at http：//articles. timesofindia. indiatimes. com/2010－10－04/infrastructure/28250264＿ 1＿ licensingindian-market-domain.

㉔　Lanning Bryer and Matthew Asbell, "Combined Trademarks in a Jointly Owned IP Holding Company" May － June 2008 of the Trademark Reporter, available at http：//www. inta. org/TMR/Documents/Volume% 2098/vol98＿ no3＿ a4. pdf.

㉕　Steve Hoffmann and W. Drew Kastner, "Cash in Your Unused Brands", Managing IP, March 2009, 31.

选择被许可方

选择被许可方类似于选择业务合作伙伴，特别是在获得独占许可的情况下。在决定是否授予技术许可时，许可方必须仔细考虑那些希望获得该技术许可的人。这一决定与授予技术许可的任何其他问题一样重要，并且在许可涉及技术在新市场的建立和渗透方面具有更重要的意义，例如，制造、分销和营销协议。当决定将技术知识产权商业化时，这方面应是许可人尽职调查的一部分。

为许可做准备

许可只是技术和知识产权产生收入的一种形式，而知识产权是技术的支柱。在确定许可是否是最合适的商业化战略形式时，许可方应准备一个业务计划，分析许可技术所产生的优势、劣势、机会和风险。这将导致许可方在实施许可战略时，清楚了解目标和现实风险。从这个高层次的计划中，许可方可以开始挑选与许可方的业务策略相一致的被许可方。

对于许可方来说，早期的困难是吸引潜在的被许可方。找到技术有明确市场机会的地方，这可能并不困难。该技术的研发阶段本身可能已经对相关部门产生了足够的兴趣，从而产生来自潜在被许可方的进路。通常，那些对科学或技术应用感兴趣的人所组成的圈子，将成为寻求被许可者的自然媒介。在其他情况下，许可方可能与更新技术逻辑的行业或部门没有关联。许可方的任务便不仅是让其他人相信技术是合理的，而且能使其具有竞争优势，让被许可方建立对许可方的信心。

在签订许可协议的谈判结束后，双方通常在文件中用简单的条款来记录他们达成的谅解，而不是在正式合同中反映出具体的安排。此外，双方可能希望对对方和有关技术继续进行尽职调查。这份文件通常反映在一份"谅解备忘录"中，或者是在信函或谅解备忘录中正式表达。

任何此类文件都有可能在其中包含许多未解决的问题。双方将不会考虑一些因为它们不是"交易破坏者"，或者因为它们可能是"看不见的"，只有在准备正式合同的过程中才会出现，因而是足够重要、需要记录的问题。后者的结果通常是随着时间的推移，当事人必须完成商业交易或者结束不适当的建议。

很重要的一点是，各方清楚地理解交易备忘录的作用和法律效力。尽管双方可能在达成一份正式合同的谅解备忘录的时候考虑，但交易备忘录本身仍有可能是一份具有法律效力的合同。因此，双方应明确在交易备忘录中写明交易备忘录内容以及在执行正式合同前具有法律约束力的部分。

重　点

许可交易备忘录也应该规定：

1. 对于重大项目来说，达到各种节点的时间表。

2. 所有与许可协议相关的商业条款，如许可使用费、期限、支付方式、绩效标准。

3. 许可范围的基本要素。

4. 通过接收者要求保密信息（以前未被披露）的披露时间来满足诸如要求获得的项目评估和任何第三方的支持等要求。

5. 正式合同的签订日期和违约的后果。

6. 对被许可方在技术上进行的任何改进的描述以及对这些改进将被授予许可方的安排。

7. 对一方来说任何不能协商的政策和行政问题。

8. 谁应该维护和保护技术中的知识产权和包括分摊成本在内的行动安排。

9. 许可终止的效果。

10. 法律适用。

许可技术的通用条款

许可协议最显著的特点是允许当事人灵活变通，也就是说，双方可以自由地合并任何他们认为适合许可协议的条款。有许多条款是其共同的，并且是许可协议所特有的。为了补充协议中的一般条款，任何合同中都会有一些常见的"样板"条款，如：

1. 法律适用。

2. 豁免。

3. 整体协议。

4. 通知。

5. 变化。

6. 争议解决。

除了样板条款之外，有一些其他通常被插入许可协议中的条款或许可协议特有的条款，许可方或被许可方可能期望提出的条款如下。

许可协议的框架

协议的条款总是以书面形式提出的。协议的条款构成了协议的框架。这个框架是它的骨架。一般来说，以下条款包括在协议中。

当事人基本信息。协议是由有权利授予许可的一方和希望行使该许可的一方达成的。附加的细节包括当事人的地址，公司法人的管辖权（公司实体）和协议生效日期，也可以包括在协议的当事人基本信息部分。

说明条款。说明条款叙述了双方当事人之间的关系直到双方达成协议。说明条款是非常有用的工具，用于说明许可的环境和背景，有助于解释协议。

定义。它是协议的"字典"。为了说明这一问题，双方可以阐明"许可专利""使用"和"许可使用费"等术语的定义，以明确各方的权利和义务。

许可授予。它规定了被许可方的权利范围和区间，以及对这些权利的任何限制。它涉及许可的主体问题、对特定领域的应用流程的限制、使用范围以及独占程度。

技术支持。根据技术的不同，协议中可能会以文档、数据和专业技术的形式用条款向被许可方技术提供支持。

对价。协议的条款规定了被许可方必须向许可方支付费用的对价，该条款还规定付款方式。

当事双方的义务。它规定协议期间各方的义务。这取决于协议的类型和复杂性。它可能既是积极的也是消极的。积极的义务可能包括报告侵权的责任，而消极的义务可能包括不与许可方竞争的义务。同样，各方的义务应清晰而明确。

期间和终止。与商业协议一样，许可协议既规定协议的明确期限，也规定一方何时可终止协议的条款，以及终止协议的理由。此外，它还会预先处理终止协议的后果，以便在充分了解协议终止后果的情况下，给各方足够的机会来制定退出策略。该条款也包括在期满后续订该协议的条款。

技术改进。这项规定是为了明确在技术改进的权利归属方面发生冲突时的各种情形的处理。许可协议包含将技术改进向许可人回授的条款。

冲突解决方案。由于关于许可协议的争议可能产生巨大的成本，双方都寻求在协议中减少这些成本。因此，协议中规定的冲突解决方案涉及对双方之间争议的处理方式的规制，从而使纠纷解决的成本得以控制。和解的过程也可能包括协议中的仲裁条款。

其他条款。协议的这一部分可能包括其他的条款，如陈述和保证、关于分许可以及保密的条款。

被许可方的挑战

一般而言，除非被许可方能够证明下列事项，否则被许可方将无法成功质疑作为许可技术主体的专利的有效性。

（1）它依赖于许可方对专利的有效性的错误陈述或者侵权诉讼是针对被许可方的。

（2）被许可方声称该专利已经过期。

（3）许可的技术不在专利的有效期内。

知识产权侵权

如果许可方是针对第三方知识产权的索赔向被许可方进行补偿，那么许可合同通常也会保留许可方管理诉讼的权利。这种方法符合许可方是索赔人的"保险人"的原则，因此许可方应该能够管理由此产生的风险。

与许可合同相关的赔偿条款

被许可方将在许可协议期限内针对第三方提出的任何索赔或知识产权侵权向许可人寻求赔偿。以下是可能包含在许可协议中的赔偿条款的一些内容：

（1）许可方未获得许可技术开发和使用所需的监管许可。

（2）许可方在被许可方进行尽职调查的过程中向被许可人提供不准确的信息。有些情况是由于缺乏理解或沟通不畅而提供不完整的信息。

要记住这两点，在将技术许可出之前，许可方必须采取所有必要措施，对许可技术的所有内容进行双重检查，这也是被许可方的责任。为了避免将来的法律纠纷就必须这样做。

存续——在许可合同结束之后

应清楚地阐明合同终止后的权利。有人认为，由于技术许可协议的终止而

产生的下列问题是大多数专有技术许可合同诉讼的来源：❷

（1）被许可方应否停止使用该技术？

（2）被许可方是否可以停止向许可方支付任何持续使用或披露信息的费用？

（3）许可协议是否授权在终止前完成所有已达成的合同？

（4）被许可方是否必须停止向其合法的被授权人披露专有技术信息？

（5）如果某些事件导致终止，被许可人是否有权获得知识产权的所有权？例子可能包括许可方的破产和随后的撤销注册（作为知识产权的所有者）。

许可合同应该包含一个条款，即被许可方必须归还或销毁与该技术有关的任何信息（特别是保密信息）。这通常是由许可方选择。被许可方应停止使用或以任何方式提及许可方的商标。

有关赔偿、知识产权、保密和责任限制的条款在许可合同结束后应继续执行。

计算机软件许可

计算机和计算机软件彻底改变了 21 世纪人们的生活方式。软件公司通过许可其开发的软件获得巨额利润。软件许可现在很普遍，在商业化过程中已经确立了一些惯例和原则。与软件相关的知识产权的形式是版权，在某些情况下是专利。

下面这个简短的案例将研究微软是如何通过与太阳计算机系统公司（Sun Microsystems）达成协议而开始它的知识产权授权之旅的。太阳计算机系统公司是一家总部位于美国的领先的 IT 公司。

微软和知识产权许可

微软于 2003 年开始实施知识产权许可。2003 年 12 月，微软宣布拓展其知识产权政策，为 IT 行业提供增加对公司不断扩大的知识产权组合的使用，向公众释放公司在知识产权许可方面"开放业务"的信号❷（一个类似于第二章讨论的开放创新的概念）。微软的第一个知识产权许可协议是与太阳计算机系统公司合作的。两家公司签署了一项广泛的技术合作协议，目的是使其产品能够更好地协同运行。协议的重要内容是：

（1）基于服务器技术的各个方面，该协议为两家公司提供了访问机会，

---

❷ Arnold, White and Durkee (eds), 1988 Licensing Law Handbook, (New York：Clark Boardman Company Ltd, 1988), 48.

❷ Supra note 13 at 53.

并使它们能够利用这些信息开发新的服务器软件产品，从而更好地协同运行。最初的合作主要集中在 Windows Server 和 Windows 客户端，但后来也涵盖了其他重要领域，包括电子邮件和数据库软件。

（2）微软通信协议程序：太阳计算机系统公司同意在微软的通信协议程序下签署 Windows 桌面操作系统通信协议的许可协议。

（3）微软对 Java 的支持：两家公司一致认为，微软将继续为客户已经部署到微软产品中的微软 Java 虚拟机提供产品支持。

（4）太阳计算机系统公司服务器的 Windows 认证：太阳计算机系统公司和微软宣布了太阳计算机系统公司的 Xeon 服务器的 Windows 认证。

（5）两家公司都同意支付各自的技术使用费，而微软则提前支付了 3.5 亿美元。太阳计算机系统公司同意在这项技术被纳入其服务器产品时支付费用，并且太阳计算机系统公司已经做到了。

微软已经扩大了开放创新的概念，超越了许可和交叉许可去使用知识产权，通过其名为"IP Ventures"全球计划将知识产权作为风险投资，通过为首次创业的企业和现有企业创造机会，展现知识产权的真正潜力，有助于为世界一流的计算机科学研究注入创业精神。

涉及 IP Ventures 案例研究

（1）最近，微软 IP Ventures 公司寻求使用一种名为"交互式图像切割"的成像技术的许可。SoftEdge 是一家专门从事电子实现和多媒体文档生成的公司，与微软建立了合作关系。微软向这家新公司提供"使用微软技术"的独占许可，以换取预付款和基于其产品净销售额的提成。除此之外，SoftEdge 还为微软 Word 新版本提供了免费质量保证测试。

（2）微软 IP Ventures 公司成立了一家名为"Wallop"的全新公司，该公司的成立是为了开发下一代社交网络应用。Wallop 的网站只提供邀请、定制、多媒体内容管理和 Flash 播放器电影的在线体验。微软开发了所有这些技术。微软收购了该公司的股权，而 Wallop 则获得了开发该技术的研发人员的代码、专利和使用权。

（3）IP Ventures 创造了一种具有前沿创新的、可持续的、周期性的企业创业精神。该计划已向 IP Ventures 公司投资了 6000 多万美元，并成功地在一年里分拆为两家公司。

知识产权风险投资的主要目的是剥离掉在微软操作范围之外的知识产权。令人惊讶的是，它通过自身创造利润激发了几位企业家的想象力。

应该注意的是，微软知识产权许可的商业模式并不是为了创收。由于无法处理大型的知识产权组合（专利组合），微软启动了知识产权许可协议。正如前面提到的，IBM 从知识产权许可中获得了超过 10 亿美元的收入。以微软为例是为了显示一个因垄断出名并且涉及许多与政府的反垄断纠纷的公司是如何通过采用开放处理知识产权的方法来改变其策略，这确实有助于微软管理其庞大的专利组合。

飞利浦和知识产权许可

飞利浦电子每年花费近 21 亿美元用于研发，这有助于开发新技术和其他知识产权。为了确保这些投资的合理回报，飞利浦知识产权和标准组织（IP&S）通过知识产权保护了飞利浦的研发成果。IP&S 积极寻求将飞利浦的技术许可给第三方的机会。2005 年，飞利浦收购了一家领先的 LED 制造公司——安捷伦之后，又收购了几家价值 52 亿美元的 LED 照明业务。该公司在 LED 照明行业中拥有最广泛的知识产权组合。现在，有超过 300 家公司获得了飞利浦的专利系统技术和解决方案综合专利组合的授权许可。

飞利浦和索尼已经获得了超过 20 亿美元与 CD 相关专利许可有关的许可费。飞利浦和索尼在早期阶段就以合理的价格将他们的 CD、激光技术组合联合许可给所有的播放器。这阻止了竞争对手尝试开发替代技术，而且 CD 的可接受性也更快、更普遍。

惠普和知识产权许可

惠普一直被公认为是世界上最具创新精神的公司之一。除了前期投资之外，该公司最近投资了 33 亿美元，获得了数千项专利。惠普拥有世界上最大的专利组合之一，包括超过 3.7 万项全球专利。

目前有超过 4000 项专利申请可供许可或出售。惠普一直对许可技术感兴趣。在不到 3 年的时间里，惠普的营业收入增长了 3 倍，达到今年的 2 亿多美元。为了开发和部署一个技术许可程序，并确保知识产权获得许可，惠普遵循六步走的程序：[28]

（1）评估技术的竞争地位，以确定哪些可以获得许可。

（2）评估企业、所有权、合作伙伴和技术转移问题，以确定谁可以帮助提供技术。

（3）组织专利和其他知识产权。

（4）研究被许可方的价值主张，以确定被许可方和许可缘由。

---

[28] Suzanne S. Harrison and Patrick H. Sullivan, Einstein in the Boardroom: Moving Beyond Intellectual Capital to I-Stuff (Hoboken, NJ: John Wiley & Sons, 2006), 64.

（5）评估公司发展和选择的风险投资人。

（6）确定技术估值和财务状况。

商品化

商品化是指在产品或服务上使用与产品或服务相关联的可公开识别的知识产权的许可，以促进这些产品或服务的销售。它传统上用于促进和推销许可方的核心产品或服务。这在电影、运动和活动领域已经广为人知。

商品化可以在各种各样的领域进行。它现在已为许可人产生大量的收入流，甚至可能超过许可方的主要业务活动所产生的收入。它已经被用于与各种各样的商品相关的活动（见图7.4）。

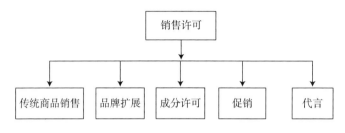

图7.4 销售许可的类型

（1）传统商品销售：许可方通过在对产品或服务中注册的知识产权许可来推广其核心产品或服务。例如，运动队的服装、帽子和运动衫。

（2）品牌扩展：许可方通过授权在该产品或服务中注册的知识产权许可来推广其核心产品或服务。例如，迪士尼的"狮子王"漫画，运动队的制服和诸如帽子、T恤之类的相关服装。

（3）成分许可：许可方将其品牌名称许可给与其核心产品或服务相关的产品和服务。这种策略依赖于在其核心产品或服务中树立起良好的声誉。它使许可方能够利用其现有的知识产权组合，对产品开发或发行进行最少的投资。英特尔在20世纪90年代初采用了这种策略，并取得成功。英特尔说服制造商在它们的广告和其他营销材料中放置"内置英特尔"的标志。广告的结果令人震惊。例如，在1991年晚些时候，英特尔的研究表明，只有24%的欧洲个人电脑买家熟悉内置英特尔的标识。一年后，这个数字增长到接近80%，到

1995 年，这个数字已经飙升到 94% ，并继续保持在今天的高水平。❷ 我们应该注意到，英特尔的核心产品是个人电脑和品牌名称，在这些个人电脑上使用的是内置"英特尔"。

（4）促销：许可方提供其产品或服务，构成被许可方的产品或服务的一部分。同时作为提供产品或服务的条件，被许可方同意在被许可方的产品或营销材料上显示许可方的商标或徽标。典型的例子是麦当劳等快餐公司与电影或其他娱乐产业合作的短期许可。❸

（5）代言：许可方代言一个产品，并同意推广该产品。这是一种体育名星等知名人士常用的策略。

商品化以下两种方式帮助许可方：

（1）它帮助许可方将业务扩展到新的市场和产品领域。

（2）它帮助许可方利用现有的客户基础，交叉销售其核心产品或服务。

根据印度法律，商品化依赖于垄断权利，这些垄断权利来自注册的或受侵权法（普通法）保护的商标、版权和外观设计。

商品化的核心要素是创造利润，实现市场渗透，并保持许可方品牌的完整性。因此，商品化许可必须解决以下几个问题：

（1）应该为生产和销售设定一个目标。如果没有达到目标，许可方必须有权指定另一个被许可方。

（2）应当就如何使用许可方的品牌给予被许可方适当的指导。

（3）应由许可方在被许可方生产或销售的商品上设定质量标准。

（4）许可方应检查产品或服务的样品和最终产品，如果不满意，则要求重新进行样品的生产。

（5）许可方应建立一个许可方品牌被第三方侵权的通知程序。

（6）如果许可即将终止，应该制定规则来处理剩余的存货。

（7）许可协议应该有一项条款，禁止被许可方挑战许可方品牌中的知识产权。

在特定形式的商品化中，被许可方可以要求许可方采取措施，最大限度地减少潜在的埋伏式营销和销售假冒产品的可能性。

---

❷　Stuart Whitwell, "Ingredient Branding Case Study：Intel", (November 2005), available at http：//www. intangiblebusiness. com/Brand-services/Marketing-services/News/Ingredientbranding-case-study-Intel ~466. html.

❸　Weston Anson, Donna P. Suchy et al. , *Intellectual Property Valuation* (American Bar Association, 2006), 149.

许可的优缺点

作为一种利用知识产权的手段，许可具有一些惊人的优势。知识产权许可是不同企业合作开发新产品和提供新服务的最佳手段。企业将它们的知识产权许可给他人，从而获得可观的利润。许可知识产权的其他优势如下：

（1）在许多情况下，不需要正式的注册过程（如某些形式的知识产权的转让所必须的一样）。

（2）"被许可方"最大的优势在于，不必在严格的研发过程中花费金钱和时间。

（3）获得许可的技术将使"被许可方"的工作更容易获得资金，从而在适当的时间引入技术，使技术商业化。

正如我们所说，硬币有两个不同的面，同样的，许可也有不利的方面。现在你会问，对于大多数公司来说，如本章后半部分所描述的一样，知识产权许可为大多数公司带来巨大收入，难道还有什么不利的地方吗？答案是肯定的！

其缺点有：

（1）最大的危险是许可证的拥有者，即许可方可能失去对其技术的控制，并冒着被不受欢迎的第三方利用的风险，这些人可能通过盗版来利用这项技术。

（2）对于被许可方来说，危险在于许可技术在短时间内可能变得多余，这意味着他将不得不花费更多的金钱来购买一种新的技术。

（3）在许可协议中不包含风险规避条款，这将意味着被许可方将面临亏损的巨大风险。

在大多数情况下，知识产权许可的过程是一种协议机制。一般来说，许可协议是一种促进商业冒险的方式，同时也标志着与商业实体建立一种新的关系。必须注意的关键一点是，在所有情况下，协议各方的同意是必要的，强制许可的情况除外。虽然当事双方的条款和义务是由他们自己决定的，但他们总是要服从于各种法律的规定。

第八章
特许经营——理解其机制

阅读本章后，您将能够

❖ 理解特许经营的含义

❖ 了解特许经营的类型

❖ 了解特许经营协议的要素

❖ 理解签订特许经营合同须考虑的关键点

❖ 了解有关特许经营的法律问题

❖ 了解特许经营的优缺点

介　绍

通过特许经营使知识产权商业化可以采取除商标开发以外的其他形式。特许经营可以将专利或版权产品进行打包许可，推动业务进一步发展。

特许经营是一种许可形式。在前一章不包括这一点的原因是特许经营本身就是将企业知识产权商业化的有力工具。在特许经营中，"特许人"将其知识产权（如商标、商业外观、版权、专有技术、商业秘密等）授权给"特许经营者"。

特许经营的本质

特许经营是利用知识产权最为有效的手段之一。当安排合理、运行良好时，特许经营会给双方带来利益和满意度。然而，这不是一个容易的途径，也不是治疗疾病的良药。建立特许经营需要技能、耐心和资本，建立一个特许经

营体系的期限最长可达 3 年。❶ 3 年后，特许人才能获得利润，现金流才会流入公司。❷

在特许经营领域，特许经营商拥有强大的商标是很重要的。重要的原因是特许人是在推销品牌本身，所以如果没有强有力的商标，若想从特许经营协议中获利将是微乎其微的。"因此，从特许人的角度来看，商标成为为潜在的特许经营者提供广泛认可的关键性广告因素。"❸

重　点

建立特许经营权需要什么？

1. 技能。
2. 耐心。
3. 资本（资金）。

特许经营协议中最重要的好处之一是，作为特许经营者，你可以在一个著名的商标下进行交易。特许经营人根据特许经营协议获得一个知名商标后，它将从货币和非货币的角度获得巨大的利益。原因在于，公众会将特许经营商与从特许经营协议中获得的商标联系起来。印度的麦当劳特许经营商，哈德堡餐厅（Hardcastle Restaurants）和康诺特广场餐厅（Connaught Plaza Restaurant），因使用麦当劳著名商标而受益匪浅。❹

应该注意的是，在特许经营中，特许人向经营者授予商标许可以换取一定的费用，即总营业额的百分比。大多数时候，还会有一个促销许可商标的营销预算费用。向特许经营者授予商标许并不意味着特许经营者可以自由地使用该商标进行任何活动。特许人会对特许经营者强加一些要求，要求其按照一套旨在保护特许人知识产权价值并规定最佳业务成果的规则行事。特许经营协议也有消极的一面，因为特许人可以制定更严格的规则来使用特许人的知识产

---

❶ Kimberley Ellis, "The Franchise Timeline: Guidelines for How Long It Should Take to Open a New Franchise", (January 23, 2008) available at http://www.getentrepreneurial.com/franchise/the_franchise_timeline_guidelines_for_how_long_it_should_take_to_open_a_new_franchise.html.

❷ Jeff Elgin, "How Do I Start a Franchise?" (December 22, 2003) available at http://www.entrepreneur.com/article/66178.

❸ William A. Finkelstein and James R. Sims, *The Intellectual Property Handbook: A Practical Guide for Franchise, Business, and IP Counsel* (Chicago: American Bar Association, 2006), 49.

❹ http://articles.economictimes.indiatimes.com/2011-02-21/news/28617880_1_vikram-bakshimcdonald-s-india-jatia.

权。这最终会削弱特许经营者自身的商业创造力和活动。❺

特许经营类型

在详细介绍特许经营协议的细节之前，了解市场上普遍存在的特许经营协议的类型是很重要的。图 8.1 显示了不同类型的特许经营。

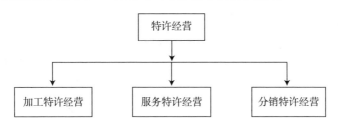

图 8.1 特许经营的类型

（1）加工特许经营❻：换句话说，它也被称为"制造"特许经营。在这种协议中，特许人向特许经营者提供某种特定的原料或技术。特许人可以授权特许经营者以其商标名称生产和销售产品。在某些情况下，甚至特许经营者可以获得特许经营人使用的商业秘密或专利技术。特许经营者也可以接受有关提供服务的分销和实际运作方面的培训。这种特许经营模式在餐馆和快餐行业中都很常见。快餐巨头麦当劳在其增长和扩张中采用了加工特许经营模式。

（2）服务特许经营：在这种特许经营中，特许人开发一项由特许经营人根据协议条款提供的服务。服务特许经营的一个例子就是提供汽车调优或维修服务。众所周知，马德拉斯橡胶厂（MRF）已经采用了服务特许经营模式，在印度各地开设各种轮胎维修服务中心。

（3）分销特许经营：在特许经营中，特许人制造产品并将其卖给特许经营者。特许人在他们自己的地理区域使用特许人的商标销售产品给顾客。例如，IBM 计算机在电子商店中的分销。

---

❺ "WIPO—KEPSA Seminar on Intellectual Property and Franchising for Small and Medium Sized Enterprises, Nairobi" (2006) available at http: //www. wipo. int/edocs/mdocs/sme/en/wipo_ kepsa_ ip_ nbo_ 06/wipo_ kepsa_ ip_ nbo_ 06_ 3. pdf.

❻ World Intellectual Property Organization, ed. *Introduction to Intellectual Property* (n. p. : Kluwer Law International, 1997), 289.

特许经营协议的要素

特许经营协议的实质内容将根据所涉及的各方、所经营的行业以及可能适用的领域不同而发生显著变化。作为特许经营协议的一部分，特许人将有权使用以其名义注册的商标。通常，特许经营协议将详细说明使用这些商标的方式以及特许人为确保该商标的价值得以维持而采取的控制措施。

特许人也将根据业务的性质，供应特许经营者出售或使用的产品、原料或机器。特许经营协议将确定这些产品的供应细节，包括对退货的安排和持续的技术支持。特许人将为特许经营者提供培训和支持。这种培训和支持的性质可能有很大的不同，这取决于其模式以及特许人的理念。特许经营的重心将是特许人建立的程序手册。这份文件通常会成为特许经营者的"圣经"，因为它规定了在经营业务时应该执行的流程，并保持与特许人相关的"外观和感觉"。通常，这个程序手册会受到严密的保护，以保持其机密性。这为特许经营提供了竞争优势。当然，情况并非总是如此。

案例研究

麦当劳和特许经营

麦当劳是一家受益于特许经营的公司。当人们想到特许经营的概念时，麦当劳通常会成为其中一个例子。1940 年，迪克和麦当劳在加州圣伯纳蒂诺的 66 号公路上开设了第一家"麦当劳"餐厅。今天，麦当劳特许经营网是世界领先的食品服务零售商，拥有超过 3 万家特许经营店，在 100 多个国家和地区为 5200 万人提供服务。在这些商店中，超过 70% 的店铺是由独立运营商特许经营的。麦当劳最赚钱的市场是中国和印度。

在麦当劳特许经营的成功道路上，总是有 Raymond Kroc 的名字。1954 年，当时麦当劳餐厅吸引了 Kroc 的目光，因为它用了 8 个巨大的多用搅拌器来制作奶昔。他决定去参观餐厅，并对餐厅内全面的经营业务感到惊讶。❼

Kroc 意识到有机会出售大量的多用搅拌器，并向他的兄弟们提出了一项建议，让他在加州总部外特许经营餐馆。[Ray Kroc 并不是唯一一个对麦当劳餐厅印象深刻的人，汉堡王的创始人詹姆斯·姆克拉多（James Mclamore）和

---

❼ "The Marketing Genius Behind McDonalds Franchise Success", available at http：//www. franchise-direct. com/foodfranchises/the marketing genius behind mcdonalds franchise success/14/25.

塔可钟的创始人格伦·贝尔（Glen Bell）也曾访问过这家餐厅。]

1955 年，Kroc 推出了"麦当劳系统公司"，作为他的特许经营的合法结构，到 1958 年，麦当劳已经卖出了 1 亿个汉堡。1961 年，麦当劳兄弟同意以 270 万美元的价格向 Kroc 出售所有的商业权利。该公司于 1965 年上市，当时以约 2250 美元的价格购买 100 股股票，如今会增至 74360 股，价值超过 300 万美元。

1967 年，第一家麦当劳特许经营店在美国之外的加拿大不列颠哥伦比亚省开张。自那以后，麦当劳遍布全球，1992 年，麦当劳在北京开设了最大的特许经营店，有 700 多个席位。

促成特许经营成功的一个重要因素是对标准的一贯承诺。麦当劳的特许经营餐厅因 Kroc 为他的餐馆生意而创造的灵感和定义的愿景而闻名。"质量、服务、清洁和价值"是公司的座右铭，顾客们知道无论他们在哪里旅行，都可以信赖他们去过的每一家麦当劳的这些品质。❽

在印度，与麦当劳达成特许经营协议的两家公司是哈德堡餐厅（Hardcastle Restaurants）和康诺特广场餐厅（Connaught Plaza），康诺特广场餐厅拥有印度北部和东部的餐厅，而哈德堡餐厅拥有印度西部和南部的餐厅。

印度的多米诺和特许经营

多米诺比萨（Domino's Pizza）作为一家商店始于 1960 年。如今，该品牌已成为全球比萨外卖的领先品牌，目前，多米诺比萨为全球 70 多个国家超过 1 万家店铺提供超过 100 万人的服务。多米诺比萨也因其在任何地方 30 分钟内可配送而闻名，这些品质足以在任何国家建立品牌。在印度，多米诺的比萨店只能作为欢乐食品有限公司的合作伙伴开张，后者是多米诺比萨店的主要特许经营商。欢乐食品有限公司还组成了另一家国际快餐服务公司"唐思都乐"（Dunkin Donuts）。1995 年，欢乐食品有限公司获得了多米诺比萨的特许经营权，并于 1996 年在德里开设了第一家店。目前，该公司的推广者，即多米诺比萨，在印度约 130 个城市拥有约 552 家比萨店，占比萨市场 62% 的份额，在印度的比萨外卖中占 72%。

巴斯金-罗宾斯和特许经营

巴斯金-罗宾斯（Baskin-Robbins）是印度巴斯金-罗宾斯冰淇淋公司的主要特许经营商之一。它在 SAARC 地区拥有独家特许经营权。作为酒店行业的一个知名品牌，该集团拥有众多知名品牌，如富奶油、洲际酒店、大梅费

---

❽　Supra note 3.

尔、宴会和庆典，以及 Kwality 冰淇淋（中东）。巴斯金－罗宾斯于 1993 年在印度建立了自己的业务，随后在印度的马哈拉施特拉邦的浦那建立了自己的制造厂，这是北美以外唯一的生产基地。同年晚些时候，它们在孟买开设了第一家分店。如今，它们已遍布全国，在 95 个城市拥有 400 多家门店，除了迎合其他高端品牌，如星级酒店、领先的航空公司、商场、多媒体和印度的顶级零售连锁店。巴斯金－罗宾斯特许人向特许经营者提供销售其商品或服务或使用其商业技术的许可或授权。特许经营者通常需要支付一笔初始费用来获得这一权利，然后在它们的特许经营合同期内向特许人支付销售总额的一定比例。作为回报，巴斯金－罗宾斯特许经营者获得了一些特权，包括出售被证明和认可的产品或服务的权利，使用特许人的商业惯例，接受最初的培训和持续的支持。

提示和技巧

特许经营协议的必要内容：

1. 向特许人授予使用商标的权利。
2. 特许人出售或使用的产品、原料/零部件的供应。
3. 特许经营商向媒体宣传、产品目录的制作。
4. 特许人向特许经营者提供培训设备和支持。

进入特许经营的考虑

保护知识产权是一个成功的特许经营体系的基础。特许人应该考虑适当的专业建议，以确定其系统的哪些部分可以保持安全，包括确保它有足够的程序来维护系统的关键要素的机密性。

特许人需要仔细考虑在市场利率的大致范围内建立一个适当的收费安排，这也为特许人提供合理的投资回报。一个很容易被人遗忘的重要因素是，收费安排也应该给予特许经营者足够的激励，使他们能够专注于特许经营。

国际特许经营通常是为特定的国外地区（如多米诺和巴斯金·罗宾斯）设立一个特许经营权。特许人需要明确规定如何在这些地区开展业务。这将对主要特许经营者授予分许可的权利产生影响。例如，它可以确定特许经营者和分许可被许可人之间是否存在直接的合同关系、特许人所要求的认可程度以及特许经营企业的行为准则。

当然，在特许经营所在的国外市场建立适当的知识产权保护是很重要的。网络抢注的冲击已经产生了一定的影响，❾ 这一点尤为明显。特许人在建立特许经营体系的时候，在开发特许经营制度的早期阶段，特许人明智的做法是在海外市场寻求保护，并寻求在未来的市场中保护自己的商标。

重　点

进入特许经营协议须重点考虑以下事项：

1. 有足够的资金进行特许经营。
2. 保护知识产权，包括商标保护。
3. 费用结构。
4. 测试和完善特许经营业务。
5. 产品/服务具有创收价值。

与特许经营有关的法律问题

如前所述，知识产权保护是特许经营在特定司法管辖区取得成功的基础。所有的特许经营协议都有涉及知识产权的条款。由于特许经营是一种许可，印度并没有独立的特许经营法，因此，有关知识产权许可的法律被认为是印度特许经营的法律基础。以下是有关特许经营的相关法律问题。

（1）尽职调查。在进入特许经营协议之前，必须确保特许经营权是否有权根据许可协议授予知识产权的许可，以及许可协议中的知识产权是否违反任何第三方的知识产权。这是非常重要的，因为一旦签署协议，违约行为可能导致特许经营者承担责任。

（2）许可。正如本章开头所提到的，特许经营是一种许可。由于在印度没有专门的法律来处理特许经营，所以特许经营协议受当地使用许可法的管辖。许可协议最重要的一个方面是，它必须是由双方签署书面协议，明确特许人和被特许人的权利、特许使用费比率、许可的期限以及许可权利的范围。❿

（3）权利滥用。特许经营者使用知识产权不得超出特许经营协议规定的范围。在协议期满后，应采用协议的方式，限制被特许人使用该知识产权。

（4）技术/知识和商业秘密的保护。方法许可协议（之前讨论过）的一个

---

❾ Unauthorized use of well-known trademarks as part of a domain name.

❿ Sections 30 and 30A Copyright Act 1957.

重要方面是使用特许人的技术、专业知识和商业秘密。特许人必须向特许经营者提供一定数量的技术、专业知识和商业秘密。

特许经营基本条款

需要注意的是，有些基本条款是每个特许经营协议都必须包含的：❶

（1）培训。两家公司之间的特许经营协议中最重要的一个方面是培训条款。这一条款在涉及两家公司的核心业务领域，例如，快餐的特许经营协议中非常重要。特许人向特许经营商提供培训，让他们了解如何在餐厅经营和生产食物。培训的义务必须是特许人所独有的，特许人的培训不应在初始培训阶段结束后就终止，这应该是一个持续的过程。这必须规定在特许经营协议中。

（2）保护。在特许经营协议下，特许经营商因使用特许人的知识产权，如商号、商标、版权和商业系统等而支付费用。该协议应包含有关特许人的知识产权和付费安排的条款。

（3）支持。特许人在协议期间对特许经营者的支持是特许经营的一个基本特征。特许人必须支持特许经营者在其特许经营业务中的运作。协议应该明确特许人会提供什么样的支持，以及支持持续的时间。

（4）服务中的改进。在一段时间之后的技术/服务会产生一些改进。特许人的责任是在提供服务、产品和业务系统的改进产生时提供这些改进。在任何特许经营协议中，这都应加入这一项条款。

（5）指定区域。特许经营协议必须规定特许经营者经营的指定区域。

（6）特许经营协议的期限。特许经营协议必须规定协议适用于双方的开始日期和截止日期。

（7）争议解决条款。这是任何协议中最重要的条款，也是特许经营协议的重要条款。特许经营者和特许人可能产生争议，在这种情况下，如果有争议解决条款明确争议解决方案以及执行争议解决方案的地点，是明智的。它既可以是法庭诉讼，也可以是仲裁或调解。但是选择哪一种解决方式和地点必须包含在特许经营协议中。

---

❶ "Ten Key Provisions of Franchisng Agreements", available at http：//www. allbusiness. com/buying-selling-businesses/franchising-franchise-agreement/2193 – 1. html#ixzz2AzOl5f00.

特许经营的优点

以下是特许经营协议的优点：❷

（1）它允许公司（特许人）在相应司法管辖区以比没有特许经营者的情况下单打独斗更加迅速地扩张。

（2）在作出任何重大支出之前可以对特许经营投资进行深入研究。❸

（3）特许人开设特许经营店的成本更低，因为特许经营人将提供必要的资金和劳力。

（4）特许经营者通过特许经营公司比从头开始创业面临的风险要小，因为特许人向特许经营商销售的是一种既定的商业模式。❹

（5）特许经营者可以从特许人那里接受业务运营的培训。

（6）特许人帮助特许经营者获得开始特许经营的财务帮助。

（7）特许经营者可以吸引新顾客购买特许经营公司的产品，并为特许人的品牌带来良好的经济效益。

特许经营的缺点

以下是特许经营协议的一些缺点：❺

（1）特许经营者须花很多的费用才能开设特许经营店。

（2）特许经营者必须向特许人支付固定的特许权使用费，花费可达数百万美元，并且可能是一笔主要的开支。

（3）特许经营受特许经营协议的约束，它不能以特许人的知识产权出售任何商品或服务。它只能出售特许人的商品或服务。

---

❷　"Franchising", available at http：//www. reference for business. com/encyclopedia/For-Gol/Franchising. html#b.

❸　"The Benefits of Franchising in India",（January 2008）available at http：//www. asialaw. com/Article/1988940/Channel/16958/The-Benefits-of-Franchising-in-India. html.

❹　Ibid.

❺　Supra note 11.

第九章
特许权使用费与知识产权

阅读本章后，您将能够

❖ 了解不同类型知识产权的特许权使用费是如何确定的

❖ 了解影响特许权使用费率的因素

❖ 计算特许权使用费

❖ 理解特许权使用费的付费安排

❖ 了解如何管理特许权使用费

知识产权商业化的回报有多种形式。最后，交易双方决定什么方式是最合适的，并反映双方的需求和愿望，这是一个问题。特许权使用费是指一个取决于许可的知识产权的生产力或使用情况的支付金额（单位销售额的百分比）。

特许权使用费，换句话说，是企业将其技术或资产许可给另一家企业所获得的报酬。像惠普和 IBM 这样的公司通过特许权使用费协议赚取了数十亿美元的利润，因为它们将大量技术授权给世界各地的很多公司。事实上，当 IBM 决定将其专利组合许可给各种各样的创业公司和其他信誉卓著的组织时，它或多或少处于财务破产的状态。

有多种方法可以确定被许可方和许可方都可以接受的特许权使用费率。这里有一些在第 12 届国际复合材料研究会上讨论过的方法。根据这个讨论，企业可以通过 4 种方式确定特许权使用费率（见图 9.1）。❶

（1）市场法（可比销售）。在市场法中，特许权使用费率是通过比较其他特许权使用费协议的费率来确定的。简单地说，就是在类似财产的许可协议中，查看独立各方之间谈判的特许权使用费。在互联网时代，费率可以很容易

---

❶ Lecture delivered by Michael martin, available at http：//www. wsurf. org/ValuationMethods. aspx.

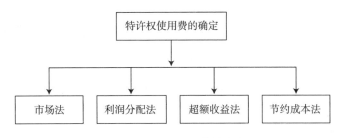

图 9.1　特许权使用费的确定

地通过 www. royaltysource. com 和 www. IPresearch. com 等网站来获得。

（2）利润分配法。顾名思义，利润是在许可方和被许可方之间共享的。在这种方法中适用流行的 25% 的拇指规则。这条规则背后的基本原则是，可归属于知识产权资产的利润应在许可方和被许可方之间进行分割，许可方获得 25% 的利润，而被许可方获得 75% 的利润。❷

（3）超额收益法。在这种方法中，特许权使用费率是通过直接比较两种业务来获得的，其中一种是使用知识产权资产（这是由特许权使用费决定的），而另一种则不使用特定的知识产权。这两种业务利润的差额，就等于通过使用无形资产（知识产权）获得的超额收益。赚取的超额利润然后转化成收入的百分比，等于知识产权所有人（许可方）向许可方收取的使用费。❸

（4）成本节约法。此方法关注的是被许可方使用许可技术所节约的金额。这种方法假定被许可方愿意向许可方支付其所节约的金额，或者一个其少花费的金额。❹

特许权使用费率的影响因素

影响特许权使用费率的因素有很多。❺ 下面将列举其中一些：❻

---

❷　Gordon V. Smith and Russell L. Parr, *Intellectual Property：Licensing and Joint Venture Profit Strategies*（New York：John Wiley & Sons, 2004）, 221.

❸　Jeffrey M. Risius, *Business Valuation：A Primer for the Legal Profession*（n. p. ：American Bar Association）, 170.

❹　Daniel Jonathan Slottje, *Economic Damages in Intellectual Property：A Hands-On Guide to Litigation*（New Jersey：John Wiley & Sons, 2006）, 175.

❺　Paul McGinness, *Intellectual Property Commercialisation：A Business Manager's Companion*（Australia：Lexis Nexis Butterworths, 2003）.

❻　Gordon V. Smith and Russell L. Par, *Intellectual Property：Valuation, Exploitation, and Infringement Damages*（New Jersey：John Wiley & Sons, 2005）, 21.

（1）保护的性质。这是决定特许权使用费率最重要的因素。如果一项技术或产品有强有力的专利保护，那么相关的特许权使用费率就会更高。

（2）超越旧模式的实用性和独占性。当考虑实用性时，我们对于独特的技术将收取更高的费率。"超越旧模式的实用性可以解释为，许可管理人员将为重大的技术改进支付更多的费用，而不是小的技术改进。"技术越独特或不同，特许权使用费率就越高。

再来看独占性，如果许可方给予被许可方独占权，那么它放弃了从任何其他第三方获得特许权使用费收入的机会，所以许可方收取更高的特许权使用费率。

（3）商业成功和区域限制。一个在实验室和市场上被证明是成功的技术，肯定应该得到更高的特许权使用费。如果可以证明许可技术已经在其他市场或具有较少特点的同类产品中获取了营利能力，那么目标市场的特许权使用费可能会超出行业标准。

区域限制在确定特许权使用费率的时候发挥着重要作用。较大的区域范围为销售技术提供了更大的市场。当区域受到限制时，情况就刚好相反。

（4）可比许可和保护期限。作为惯例，在确定特许权使用费率的同时，可以对类似技术的几个其他特许权使用费协议（第三方）的费率进行比较。特定知识产权保护的持续时间起着重要作用，保护期限越长，特许权使用费率越高。许可协议的期限和知识产权的使用寿命是决定特许权使用费的重要部分。如果专利过期，许可方无法要求支付使用费。在某种程度上，混合许可可以克服这一问题，因为在这种情况下许可和特许权使用费依赖于专利和保密信息的情况。然而，一旦正式注册的知识产权到期，被许可方支付的特许权使用费很可能减少。

（5）商业关系。当许可方和被许可方是竞争对手时，可能会很难决定特许权使用费率，因此各方不会背离行业标准来决定特许权使用费。但是，如果双方处于一种相互依赖的垂直关系中，那么特许权使用费率就可能受到影响。具有更多市场影响力和更多知识产权的一方将会更容易谈出一个较好的协议。

（6）竞争技术。可作为许可技术替代品的技术将对特许权使用费率产生负面影响。对市场的分析通常包括对直接与获得许可的技术相竞争的技术，以及容易适应与许可技术竞争的技术进行评估。

（7）诉讼费用。在特定市场中保护知识产权的诉讼费用，将对许可方要求的特许权使用费产生重要影响。

（8）被许可方的投资。被许可方承担的任何投资金额将影响其向许可方支付的特许权使用费。换句话说，如果被许可方在试验程序、临床试验等方面投入资金，那么许可方就可以向被许可方收取较低的特许权使用费率。

（9）使用领域。与许可技术使用领域相关的许可范围将影响特许权使用费率。如果范围较为狭窄，则可以预期有较低的特许权使用费。

重　点

研发费用

研发费用不一定反映出协商的特许权使用费率。基本上，协商的许可费只有在包括下列项目时才考虑研发费用：

1. 建立可替代方案使替代方法可以实现与许可技术相同功能的费用。
2. 临床试验费用。
3. 知识产权许可和知识产权保护的费用。

以上所有内容都与许可后的安排有关，并可有效解决在许可关系中由谁承担风险的问题。

特许权使用费的计算

计算特许权使用费的基本要素包括：（a）对被许可方收到的经济利益的描述（如总销售净额或净利润）；（b）被许可方利用技术的金额（单位销售额或制造额）；（c）确定已被利用的内容。这通常取决于许可产品的净销售额的百分比或制造过程中每投入单位的固定费用。

净销售额

确定特许权使用费率最常见的形式是净收入或净销售价格。"净"在销售、收入或价格方面的确切含义并不清楚。唯一能完全解决这一问题的方法是在许可协议中明确规定那些要从被许可方接受的总价格收入或销售中扣除的项目。它们可能包括不同程度的纳税额，如货物和服务税或等值的间接税。它们可能扩大到运输成本和某些保险。根据技术的性质，还可能包括安装或维护成本。

要求被许可方列出在开发技术过程中所期望产生的所有费用，并且在定义"净值"时规定每一个要素并不合理。如果一个项目被漏掉了，不管有意还是无意，那么许可人的利润会更大一些。从许可方的角度来看，许可协议应该明确规定确定"净"结果的成本项目是详尽无遗的，否则就会存在被许可方认为协议中隐含了成本项目的风险。

"净收入"基数的使用有一定的好处。被许可方更有可能准备披露有关销售或价格而不是利润的信息，否则就需要对被许可方的业务进行全面审核。

净收入基础也要说明对利用知识产权造成任何通货膨胀的影响。被许可人的成本已经包括通货膨胀带来的影响。

依赖于价格或收入而不是利润的基础对许可人是有利的，因为被许可人必须支付特许权使用费，而不管被许可人是否亏损。然而，依赖于价格或收入基础的特许权使用费可能容易受到被许可方与相关方达成的协议的影响。因此，许可人必须确保特许权使用费的确定仅限于被许可人与第三方之间的公平交易。当然，如果市场竞争激烈，可能会压低零售价格，依赖于价格基础的特许权使用费将面临风险。

如果许可技术的形式是方法，则特许权使用费最常见的依据是产量。在制造业环境中，单位固定费用是相当普遍的。这个公式为各方带来了确定性，并且很容易被审计。然而，它不允许在没有通常是比较复杂的公式的情况下，在未来的生产中出现变化。这种方法避免了对被许可方的保密信息进行深究的需要，因此许可方被保护不受利润或价格的下降的影响。通货膨胀的出现可以通过将公式插到考虑消费者价格指数的许可费率计算中来解决。

与许可技术销售有关的特许权使用费基础，本质上依赖于被许可方的表现。这将影响到如何设计特许权使用费的支付。

许可技术或知识产权的描述

不仅要明确特许权使用费的财务基础，还要明确需要支付许可费的技术或者知识产权形式的性质，这可能给专利技术带来特殊的挑战。一项专利将包括一系列的权利要求。该许可是否适用于该专利的所有权利要求？如果其中一些权利要求受到质疑，对被许可人应支付的许可费将产生什么影响？关于软件，是由销售或分销的软件的副本数量确定的许可费吗？软件的描述可以参照许可合同中定义的功能来确定。

分许可被许可人的销售额

向许可人支付的特许权使用费的计算应清楚说明如何对待分许可的销售额。一个关键问题是，许可人是否应该有权获得分许可所产生的收益份额。这将受到被许可方承担市场和产生销售的额外努力和风险的影响。

特许权使用费的计算应该解决以下问题：

（1）分许可被许可方的技术销售额是否包含在作为特许权使用费计算的

一部分收入数额中？

（2）分许可被许可方向被许可方支付的许可费是否包括在收入数额中构成特许权使用费计算的一部分？

（3）许可人持有哪些权利来检查和审核分许可被许可方的记录？被许可人为促进这些权利的实现必须做些什么？

付费结构

在许可方基于计算和付费的基础确定合适的特许权使用费率之后，双方通常以反映下列原则的方式来安排特许权使用费的支付。

节点式付款

许可技术的开发和利用对经济报酬的实现至关重要，一旦达到这些节点之后，各方就必须付款。这对于需要监管部门批准的技术尤其重要，比如医疗产品，或者知识产权尚未完全注册的领域。

双方可同意在达到临床前目标或提交监管申请或获得监管批准后，支付特许权使用费。这可进一步由发生在特定的市场中的此类事件来确定。对于软件来说，其节点可能与测试机制有关，这些机制用以确保所承诺的功能存在，尽管通常与开发阶段相关。

节点性也可能与以下事件相关：

（1）提交注册知识产权登记的申请。

（2）对接受申请注册知识产权的申请提交异议的法定期限到期。

（3）某种知识产权形式的登记。

（4）过去一段时间内没有对知识产权注册提出任何挑战。

另外，如果知识产权的注册没有续展，或者是由于对许可方的知识产权的挑战而丧失，那么特许权使用费率很可能下降。付费安排可以按照有利于被许可人的激励措施来实施。随着销售额的增加，特许权使用费率的浮动比例可以给被许可人在其成本结构减少的情况下有获得更大利润的动机。

预付款可能是适当的。许可方的优势是显而易见的，因为提前付款可以降低风险。然而，需要考虑它可能被被许可方视为沉没成本的事实。这可能会对初创企业的现金流产生严重影响。

最低特许权使用费

许可方可能要求无论被许可方在商业化许可技术方面的表现如何，都应支付最低使用费。在这种情况下，被许可方应当对于支付最低使用费的情况下设置一个条件，即是否因技术性能欠佳而导致无法满足。这种技术的糟糕表现几乎肯定会影响销售，并导致客户投诉，从而可能产生负面影响。未能履行最低特许权使用费的后果，可能包括许可方终止许可合同的权利、从独占性转为非独占性，或者特许权使用费率结构的变更。

付款时间

双方应清楚地规定使用费何时到期并支付给许可方，是在许可技术的订单发货后、交付给客户、开具发票给客户或者客户付款时支付？许可方的最佳立场是只有当被许可方自己收到客户付款时才能支付特许权使用费。最终，这取决于许可方或被许可方是否承担被许可方的坏账风险。风险通常由被许可方承担，而特许权使用费通常是依据开具的发票。

侵权诉讼

如果被许可方开始提起诉讼，主张许可合同所依赖的知识产权受到了第三方的侵权，则许可合同被中止是很常见的。被许可人可能需要将特许权使用费存入代管账户，直到获悉诉讼结果为止。至少，侵权诉讼可能使许可方有权与涉嫌侵犯知识产权的一方协商许可安排。如果被许可方被起诉侵犯第三方的知识产权，这种行为属于许可方授予的权利范围之内，许可合同可能使特许权使用费减少或暂缓付款，直至争议解决为止。

管理特许权使用费

在一项许可交易中，很少会出现一方从一开始就认为特许权使用费不会支付的情形。否则，这笔交易最初就不会达成。尽管如此，双方都无法预见将来可能发生何种情况或对被许可人支付特许权使用费能力的影响。

未付款

在许可协议中规定被许可方未支付特许权使用费的后果，是公认的惯例。第一种制裁方式是财务制裁。未付款可能导致被许可方不得不支付超过特许权使用费本身的额外费用，根据印度法律，被许可方必须谨慎行事，以免再增加一笔根据1872年印度合同法第73条的规定被称为"罚金"的数额。如果额外数额超过真实估计的许可方因被许可方未能支付特许权使用费而造成的损害，那么法院将不会对合同义务予以强制执行以支付超出的金额。实质上，许可人在这种情况下所产生的损害赔偿金额是被许可方通过投入这些额外资金可以赚取的总金额或利息。出于这个原因，在许可合同中通常会规定利率，并规定其适用于任何未支付的特许权使用费。

违反许可合同的被许可人也可能被要求全额支付剩下未付款项的总金额。在这种情况下，被许可方须提前支付许可协议规定的所有款项，虽然这不是致命的，但也会对被许可方的业务造成严重的打击。

任何明智的许可方都应该不会同意签署这样一份许可协议，该协议规定其不能因被许可方未在规定的时间内，或至少在被通知违约的一段时间内支付特许权使用费的情况下予以终止。

特许权使用费的审计

每个许可方都应确保被许可方有义务维护适当的记录和账册，并保留给许可方对被许可方支付的特许权使用费进行审计的权利，包括查阅被许可方的账户和记录的权利。定期进行特许权使用费审计是很好的做法。

由于特许权使用费审计是确保遵守许可协议的核心机制，如果被许可人未履行义务，许可人应保留终止许可协议的权利。

许可方应该能够提名一位独立的审计员来承担这项任务。审计员必须确保被许可方记录的保密性。审计员的费用通常是根据审计结果和审计员所发现的被许可方支付特许权使用费的差异程度来承担的。如果被许可方特别担心检查其业务记录的许可方的代表（特别是许可方和被许可方可能是竞争对手的情况下），则被许可方可能坚持许可方依赖于被许可方自己的审计员出具的证书。

由于审计条款潜在的长期影响，许可方和被许可方都需要仔细考虑起草审计条款。审计员是否有权评估是否发生了支付特许权使用费的触发因素？例如，被许可方可能声称其销售的某些技术不属于注册专利的权利要求范围。这是对审计员仅限于职能的分析，还是审计员仅限于在计算所有款项是否已支付的情况下从事会计工作？在这些情况下，双方需要明确并就审计任务的范围达成一致，以及指定的审计员是否具备适当的技能和专业知识来进行相关分析。关于技术使用费是否属于专利权利要求范围的决定通常涉及技术和法律分析，而不是会计分析。❼

---

❼　*Fomento（Sterling Area）Ltd v. Selsdon Fountain Pen Co Ltd*（1958）1 All ER 11.

第十章
知识产权评估

阅读本章后，您将能够

❖ 了解知识产权评估的理由

❖ 了解知识产权的评估人员以及如何进行评估

❖ 了解评估原则

❖ 了解不同的评估方法

❖ 理解评估报告的含义

知识产权被世界上许多实力强大的公司视为最重要的资产，它是企业拥有领先的市场占有率和持续营利能力的基础。

每个涉及知识产权的人，无论是否获利，都需要能够衡量知识产权资产的价值——用卢比还是美元计算！有人指出，无形资产的评估是"复杂且被广泛误解的"。❶ 理解评估概念和使评估概念形象化很重要，因为知识产权评估是其对公司或国家财富的影响的一种测度。评估是知识产权战略管理的重要工具。

评估的理由

知识产权评估的理由有很多，最关键的是需要更好地管理知识产权资产。企业可能希望对其知识产权或技术进行价值评估，以确定许可费、获得融资，并为知识产权侵权诉讼确定可能的损害赔偿，或协助企业作出决策。

---

❶ W. Lonergan, *The Valuation of Businesses*, *Shares and Other Equity*, 3rd ed（n. p.：Business and Professional Publishing, 1998），257.

无形资产的评估

评估的关键因素是清楚地了解什么是需要评估的。当处理可能包含法律问题的知识产权时，经常会提到知识产权所依存的技术或依赖于知识产权或技术的企业的业务，即实用性方面。通常，知识产权的实用性以物理形式或在其应用中体现出来，其价值将与其具体化密切相关。例如，具体化的概念对于专利来说是至关重要的。出于这个原因，本章将在下文中论述知识产权以及相关技术的评估。

1998 年，Sussanah Hart 和 John Murphy 编写了一本名为《品牌——新财富创造者》（*Brands—The New Wealth Creators*）的书，因为人们普遍认为，随着经济和金融环境的不断变化，商业实体需要扩大它们对"商业资产是什么"的理解。

该方法是由 Interbrand 公司与 Hovis McDougall 公司联合开发的，并已被广泛使用，包括 Grand Metropolitan、United Biscuits、Nabisco、BSN 和 Lion Nathan。除了资产负债表外，它还被用于包括并购、融资、品牌战略开发和品牌许可等领域。这种方法绝不仅限于现有讨论的内容，其他内容详见该书最后的附件。

知识产权评估：专业评估人员

知识产权评估关乎能力、经验以及评估目的。如果商业交易需要评估，那么选择评估人员的标准将由交易双方决定。如果评估目的与确定企业的财务状况有关，那么适当的会计准则可能影响谁能够执行估价。

我们将从本章看到，评估人必须掌握广泛的学科知识——经济、会计、财务、法律和管理原则。评估人员需要了解知识产权的市场和金融环境，在这个环境中，知识产权具有挖掘大量信息的吸引力和能力，而这些信息是行业内其他所有人都想要保密的。

除了考虑与知识产权评估相关的特定技能和标准外，评估人员的参与与聘请其他顾问的工作不应有所不同。企业应该参考其他使用过评估服务的企业的做法。任命评估人的工作应该与评估的风险相匹配。如果企业预期评估对未来的业务运作非常重要，例如，吸引风险投资或确定替代许可方之间的优先选择，该企业可能希望寻求投标方或对评估人进行详细调查。在这个阶段，重要的是制定一套即将在评估过程中使用的内部共同的基本方法。

应签订合同

企业和评估人之间应该有一份书面协议——服务关系的起点。服务合同可以是信件的形式。重要的是，合同明确规定从评估服务的履行中可以得到的可交付成果。在理想情况下，通常是一个评估报告。评估人将确定报告的形式与风格，但合同应确定报告中应解决的一些基本问题和方面，如下所列。

目　　标

对评估目标的陈述：

（1）确定要审查和评估的知识产权。

（2）确定与知识产权有关的法律权利，并对其进行审查和评估。

（3）确定评估的财务、经济和法律标准，以确定其价值。

（4）确定知识产权审查和评估的时间周期。

评估目的

对评估价值的陈述：

（1）评估的原因。

（2）怎样评估及何时评估。

（3）预期将依赖和选择评估的企业或机构。

价值标准

评估的目的将影响在确定评估时应采用的标准。如果知识产权价值评估是为了了解该企业可以通过将其商业化而实现回报或价格的指标，那么最常见的标准将是"公平的市场价值"。该标准适用于受让人与转让人愿意转移知识产权的假定的场景。因此，由此产生的评估通常是一个假定的答案。实际交易将涉及一些不适用于公平市场价值标准的因素。

前提或假设

评估人和企业应该清楚地了解为估值目的假定存在的各种实际情形。品牌价值概念开始产生影响的领域是商标许可领域。近年来，在商标许可以及版权、专利和外观设计等其他知识产权的许可方面，人们的关注度显著增加。

前提是应考虑对于指定目的现实存在的情形。如果前提反映了可能的情况，知识产权的使用是合法的，实际上可能且经济上可行，并且这种使用使企业产生最高利润或其他价值（在当今条款下），则评估将基于对知识产权的最高和最佳使用。❷ 评估人员将利用专业能力判断确定企业所要求的情形是否代表知识产权的最高和最佳使用。

评估日期

评估日期可以确定在评估之前、同时或之后。适当的评估日期将由评估的目的决定，或可能按照立法的要求确定。

评估费用和付款

评估人通常会根据执行任务所花费的时间来进行评估服务，并寻求按天或按小时收费。评估人员还应该对估价的可能成本进行测算。将该测算值锁定为要么是固定的价格，要么是"不得超过的费用"对企业是有利的。评估人员通常不愿意这样做，除非评估人员能相对确定要承担的任务构成。因此，如果评估涉及对一个新市场有重大意义的研究，评估人员可能更倾向于采用分阶段付费的原则，其第一阶段是范围界定的研究。

另一种情况是，评估公司定期向企业开具发票，并在所有之前的款项支付之前延迟交付最终报告。企业应该寻求结构支付，以便在达到指定的节点时分期付款。这些问题的谈判将取决于各方的相对议价能力。

其他相关要求

评估协议文件应该具体说明如下问题：

（1）在评估的过程中应该达到的节点以及达到这些节点所需的时间。

（2）进行评估的具体个人，特别是当企业选择了评估公司的时候，则会确定某个人进行评估。

（3）评估协议应明确规定，评估方必须对其准备的所有报告和企业提供的所有信息予以保密。在评估结束时，评估方应向企业返还企业以前提供的所有信息。

（4）评估方在撰写报告过程中创造的所有知识产权（包括报告本身和任何早期的草稿）都应归属于企业。这将确保该企业在法律上控制这些报告。评估人员可能希望规定一项条款，就是明确评估方保留在执行评估过程中所使用的任何模板的所有权。

（5）评估方排除企业为了合同规定以外的目的使用评估报告，或应该由企业提供的信息而产生的任何责任，也是其建议的标准评估协议文件中的常见条款。

---

❷　Robert F. Reilly and Robert P. Schweihs, *Valuing Intangible Assets* (New York：McGraw Hill, 1999)，62.

（6）评估方可能希望对因企业的不当行为以外的任何行为所引起的针对评估方的索赔提供赔偿。企业可能希望考虑将这种责任限制在评估方身上，不过这取决于企业的议价能力。毫无疑问，企业应该寻求对由于评估方的不当行为提出索赔，并确保评估方具有适当和现行的职业赔偿保险。

评估方法

确定无形资产和知识产权价值的方法大致可分为三类。

（a）基于市场；（b）基于成本；或（c）基于对过去及将来经济效益的评估。

基于市场

在基于市场的方法中，专家通过可以比较的资产来确定资产的市场价值。在处理有形资产的过程中，这个任务非常困难，因为并不是总能找到具有可比性的资产。在处理无形资产时，任务变得更加困难。这种困难的原因是什么？这是因为知识产权不是用来销售的，它只是某宗大型资产或交易的一部分。这些资产或交易通常是有待出售的，而且其中的一些细节也经常属于高度保密的信息。这是制约专家使用这种方法来评估重要知识产权资产的主要原因。

基于成本

这种方法假定知识产权资产的成本和价值之间存在某种关系。这种以成本为基础的方法可以分解为三部分，即历史利润的资本化法、毛利润的差额法和特许权使用费节省法，从而可以更好地理解该方法。

（1）历史利润的资本化：当你将无形资产的历史收益率乘以一个倍数，这个倍数是通过按照其市场价值衡量知识产权的相对强度来测得的。为了理解这个概念，让我们举一个名为"X"的品牌为例。为了计算无形资产的价值，在仔细观察 X 的几个因素之后计算出这个倍数，其中包括（a）稳定性；（b）市场份额；（c）国际知名度；（d）利润趋势；（e）市场营销以及广告投入；（f）保护。从表面上看，这一方法着眼于一些重要的因素，但它有一个主要的缺点，即它只关注过去的收入能力，对未来几乎不加考虑。

（2）毛利润的差额法：顾名思义，它着眼于产品利润的差额。这种方法通常与商标和品牌评估有关。在此方法中，要计算品牌产品或专利产品与无品牌的产品或普通产品之间的差价。

（3）特许权使用费节省法：衡量一家企业从第三方购入特定的知识产权

许可必须支付给许可方的特许权使用费。特许权使用费是指被许可人向许可人支付的许可费用。该方法假设知识产权的价值被定义为其他公司使用该知识产权会支付的许可费用。总之，这种方法考虑的是被许可人可以负担得起或愿意为第三方许可的知识产权所支付的费用。

针对不同形式的知识产权的评估方法

了解各种评估方法，我们就能更好地了解评估人的意见。如果我们知道这些方法如何适用于各种形式的知识产权，企业可以将重点放在有助于评估人员的各种因素上，从而有望得到一个可靠的评估结果，并据此与商业交易的其他各方进行合同谈判。

在某些情况下，例如计算机软件，在技术上存在多种形式的知识产权。应用该技术的目的对适用的评估方法和要收集的信息具有重要的影响。

版 权

成本法

成本法是基于这样一种假设，即希望获得版权的投资者不会支付高于购买或创建替代资产的成本。自 1957 年版权法赋予版权作品著作权人著作垄断权的情况以来，除非创作出独立于著作权的作品，否则在法律上不可能创造替代版本或"复制"版权作品。因此，成本法只能告诉企业版权作品的最低可能价值，即创建版权作品所产生的成本。

由于资产负债表传统上是以历史成本为基础制定的，因此有必要根据一段时间内对品牌的所有营销、广告和研发支出的总和来考虑评估系统。然而，这种方法很快就被否定了，因为如果一个品牌的价值是其开发成本的函数，失败的品牌完全可能被归结为高价值的品牌，而精巧管理、有影响的和营利的品牌，由于预算一般，因此完全有可能被低估。

评估人需考虑有关任何过时的知识产权或技术，这将包括考虑技术是否得到维持和加强。如果软件不是以最新的语言编写或依赖于过时的平台，那么技术上的过时可能与软件有关。

市场法（可比销售方法）

显然，这很大程度上取决于版权作品的性质。例如，软件可能有一个现成的市场，可以获得适当的市场信息以使市场法得以应用。在公平市场评估中，知识产权资产的货币价值是基于类似资产的类似交易。然而，市场交易的准确信息是很难获得的，因为各方都在寻求保密。

版权作品的许可仍然是最可靠的市场信息形式，可以用来评估版权。

收益法（净现值或贴现现金价值）

任何形式的收益法（增量分析、利润分割或特许权收入）都可以依据评估人可获得的信息的性质得以适用。评估人必须就版权作品可用的保护期限作出判断，以确定收入流，这往往会低于版权作品的合法寿命，特别是计算机软件。

与版权作品相关的信息包括作品的剩余保护期限、使用哪些版权以及使用版权的任何已知障碍。

评估人也可以参考：

（1）来自版权局提供的信息。

（2）由法院作出的其中可能存在版权作品市场的判决。

（3）专业协会，如许可管理协会或国际许可行业和商人协会等。

商标、品牌和域名

评价商标和品牌的最大困难是将对由该商标或品牌命名的产品或商业成功做出贡献的其他因素分离出来。

域名评估面临类似于商标和品牌的问题。网页和互联网的环境通常对评估人员来说是一种特殊的情形。监管实体任何妨碍使用域名的法律都将限制域名的价值。域名的价值可能与网站不可分割，其受欢迎程度与内容相关。

成本法（沉没或重置）

获得商标的费用是多少？在历史（或沉没成本）方法中，知识产权的所有者可能会算出创建和保护商标或其他知识产权资产的总成本。如果有关于品牌创立的历史数据，成本再现法是可能的。有趣且重要的是，重置成本法通常不适用，因为品牌将是独一无二的，从理论上讲，这个品牌不能以其他形式重新创建。

成本法的缺点是，通常其估值较低，不能代表该品牌的市场价值。这个品牌可能是一个名称的使用、一阵非正式的头脑风暴的结果，或者是牵涉专家、设计师和市场分析师的参与。在品牌发展过程中产生的实际和历史的货币成本或小或大。

市场法

如果评估人有与正在评估的品牌可比的品牌的转让数据，那么市场法可能有用。尽管许多企业拥有不止一个品牌，仍然可以使用减法，而且除非每个品牌的单个数据都是已知的，否则很难可靠地推断出适用于可比品牌的估值。

品牌可以通过许可他人获得的特许权使用费收入来进行估值。一个重要的因素是对品牌剩余保护期限的评估。注册商标可以通过适当的注册续展而永久注册。然而，如果因为该企业的业绩不佳或该企业在该行业的业务表现不佳而使与该品牌相关的商誉被削弱，品牌的市场价值可能会减少。

如果市场信息是可获得的，品牌可以参照该品牌商品相对于同类普通商品的溢价进行估值。

收益法（净现值或贴现现金价值）

收益法的困难在于建立收入预期与品牌之间的联系，因为品牌是吸引客户的手段，而企业将运用一系列策略来吸引客户。品牌的估值寿命取决于许多因素，如对品牌的维护、企业本身的绩效以及市场波动等因素。

商标和品牌评估所需的数据

评估人员可以参考：

（1）母品牌对子品牌的影响。

（2）管理对品牌的维护、营销和发展提供的关注和支持。

（3）财务报表、会计报表中的广告宣传费用。

（4）与商标和品牌有关的历史收入。

（5）竞争对手的品牌。

（6）由品牌所标识的产品或服务市场份额以及品牌影响市场的能力。

（7）对品牌产品的需求水平和在规定时期内的需求趋势。

（8）品牌产品或服务的零售价格，以及同类产品或服务的一般形式的零售价格。

（9）其他公司在相同或类似行业中转让品牌的证据。

（10）有关品牌的开发和维护成本。

（11）有关品牌优势和劣势的信息。

（12）品牌是否注册为商标、注册的辖区、侵权行为的程度以及企业的反应。

（13）由法院作出的决定，其中可能存在该品牌或类似品牌的市场。

（14）关于商标许可的专业文本或外部数据资源。

专利和保密信息

这3种评估方法都可以应用于专利的评估。然而，这些方法的实用性因信息的完整性而有所不同。因为新产生的创新使目标专利被取代，专利的法律寿命通常超过其经济价值。是否会被取代取决于专利的权利要求范围和潜在应用的广度。

与专利有关的技术开发、申请和维护相关的巨额成本是企业尽可能早地了解专利及相关技术的价值的动力。在这种情况下，"经验法则"可能是一种帮助，因为在这种情况下，定性方法比定量分析更有影响力，而定量分析可能与3种标准方法相关联。❸

类似的问题适用于保密信息，但不同之处在于这种形式的知识产权的潜在法律寿命是无限的。保密信息经常与那些拥有专有技术和秘密的人联系在一起。这些人离开企业的范围将需要由评估人予以考虑。评估人还将考虑企业采用的防止未经授权而披露保密信息的程序。

成本法

重置成本法的应用是对与目标专利及相关技术具有相同效用的技术的评估。评估人员将需要考虑或不予考虑下述事实：由于在技术发展当中现有的创新方法被假定得到使用，可能已经实现了更大的效用。此外，还必须考虑过时的问题。

评估人员需要谨慎地区分产生专利技术的研发费用和间接费用或者产生另一种形式的技术的费用。早期研究成本与评估之间的时间间隔可能妨碍相关成本的认定。

市场法

市场方法经常用于专利，这是因为通常有一个可比较产品的现有市场。当然，在创新没有明显的市场需求的时候，会有"明日之星"到来的情况。在这种情况下，市场方法可能是不合适的。

收益法

如果专利过期而能够合法地生产仿制品，从专利中获得的收入预期可以通过对由此而导致的专利产品的价格的溢价丧失来估算。我们可以从当药物专利期满时与药品有关的情况中看出这一点。在某些情况下，制药公司可能在专利期满之前发明自己的仿制药物来巩固其品牌忠诚度。在这种情况下，这两种药物的价格差异将是评估专利的合理依据。评估人需要考虑可能妨碍专利之间直接比较的因素，如增加品牌和仿制产品的营销成本。

与专利相关的知识产权与将要出售的产品或方法相互关联。这意味着市场法将是对预期收入的有效检验。收益法可以用来评估作为专利主题的制造方法

---

❸ Robert S. Bramson, "Rules of Thumb: Valuing Patents and Technologies", *Les Nouvelles* XXXIV, No. 4 (December 1999), 149.

中的更高效率的节省。

与开发创新（特别是在生物技术领域）、参与临床试验以及多管辖权专利申请程序相关的费用是众所周知的。然而，研发成本与根据收益法确定估值并没有相关联系。

企业正在酝酿中的产品或技术组合将影响评估人适用的风险系数。与药物开发有关的，只有 5000 种化合物在进入临床试验前进行人体试验，在此之后，只有 1/5 得到批准。❹ 实际真正进入市场的产品就更少了。所以只依靠一个专利产品的企业将承担更大程度的风险。

影响专利价值的其他因素还包括：

（1）授予专利的可能性。

（2）专利是否是一种标准或创新。

（3）专利产品一旦进入市场就会有需求的期限。

（4）在市场中技术的地位。

（5）企业为了防止竞争对手的产品而达到的控制程度。

专利估价所需的数据

评估人可以参考：

（1）财务报表、账目和预算。

（2）工资、时间记录和实验室记录。

（3）技术许可的细节。

（4）企业使用的其他保密信息和交易秘密的描述。

（5）技术发展的阶段。

（6）专利的法律和经济寿命。

（7）市场机会。

（8）竞争对手的技术。

（9）进入市场的障碍。

评估报告

评估报告是企业期望从评估人员那里得到的主要结果或可交付成果。评估人员提交给企业的最终报告将：

---

❹ V. W. Bratic, P. Tilton, and M. Balakrishnan, "Navigating through a Biotech Valuation", available at http://www.pwcglobal.com.

（1）符合适用于无形资产评估的相关专业标准。

（2）提供一份清楚的、不含术语的关于知识产权或技术的估值以及结论背后推理的陈述。这种描述应该足以反映任务的复杂性和在进行评估时所遇到的障碍。

（3）对影响结论的市场状况进行分析，并分析可能影响来自知识产权或技术的未来收入的已知趋势。

（4）包括支持结论和分析的文件。

（5）包括在制作报告的过程中所作的任何假设，这些假设已经在任务开始之前，或者至少在提交最终报告之前向企业阐明。

（6）包括有关可变或限制条件和任何负责评估的职业资格的声明。

（7）解释不使用某一标准方法的原因以及由于适用不同方法而产生差异的原因。

（8）解释对企业所提供的财务信息所作的任何调整。

知识产权评估报告认证

USPAP 标准第 10 条规定，每份评估报告必须包含符合某一特定内容的评估人员的认证。评估人员确认，前面所述的一些方法被财会界广泛使用。但值得注意的是，评估是一门艺术，而不是一门科学，它是一门跨学科研究，涉及法律、经济、金融、会计和投资。在对评估的基本理论框架一无所知的情况下，试图采用所谓的行业/行业规范来尝试任何评估都是轻率的。在进行知识产权评估时，环境是至关重要的，评估人员需要考虑为资产赋予一个真实的价值。

词汇表

摘要：一项发明、一本书或一种期刊的简要概述，以帮助快速识别其主要特征。

版权所有：指对外声称著作权法授予的一切权利均予以保留，包括在发生侵权行为时采取法律行动的权利。

在先公开：指现有技术公开了要求保护的发明的每个要素，印度 1970 年专利法第六章规定了在先公开。

基础申请：基础申请是指在其他国家寻求专利保护的任何国家的优先权文件。在公约国家提交专利基础申请的申请人可以在基础申请之日起 12 个月内进入印度申请（公约申请）。

商业方法专利：揭示新的经营方式的专利，是最新的专利类型，其适格性受到法院的审查。

注册证明书：正式确认设计、版权或商标已注册。

分类：专利、商标、设计和植物品种权各自拥有国际公认的分类系统，将其各自的应用分为不同的技术组、服务类别、商品或植物品种。印度使用这些分类系统来帮助检索专利、商标、设计和植物品种数据库。专利类别由国际专利分类系统确定；NICE 国际分类的商标；洛迦诺分类系统的外观设计；国际植物新品种保护联盟（UPOV）的植物品种权。

清楚地描述：标记清楚地描述了商品或服务的特征，因此不能注册为商标。

共同发明人（Co‑inventor）：共同发明人是指由两个或者两个以上的人共同完成的发明创造。

集体商标：是指以团体、协会或者其他组织名义注册，专供该组织成员在商事活动中使用，以表明使用者在该组织中的成员资格的标志。拥有集体商标的协会会员可以由制造商、贸易商、生产商或专业机构组成，如特许会计师协会、专利代理人协会、商标代理人协会、板球管理委员会等。

汇编作品：作品如杂志、选集或百科全书等，汇编若干作品、作品的片段或者不构成作品的数据或者其他材料，对其内容的选择或者编排体现出独创性的作品。

完整的说明书：这是专利的基础性文件，它必须完整地描述该发明，详细说明实施该发明的最佳方式，并包括至少一项权利要求。

计算机程序：指在计算机中直接或间接用于产生某种结果的一组语句或指令。

理念：一个想法或设计。

副本：指以现在或以后发展出来的任何方法来固定作品，并能直接或借助机器或设备从中感知，再现或以其他方式传达作品。

版权侵权：未经许可复制或者使用版权范围内的作品或者其他标的物侵犯版权的行为。在 R. G. Anand 诉 Delux Films 案中，法院裁定版权不依存于一个想法中，因此不构成侵权。

假冒商标：指与注册商标完全相同或基本上无法区别的虚假商标。

国家和地区顶级域名（ccTLDs）：它是一种由一个国家使用成为一个国家所保留的互联网的顶级域名。

域名：域名是与互联网协议地址相对应的唯一名称，通常直观且易于记忆。例如，法律热线的域名为：www. lawwireonline. com。

戏剧作品：包括朗诵、编导或哑剧娱乐、布景安排或以书面形式固定但不包括电影胶片的表演形式。

图纸：图纸（或照片）披露工业设计，是设计应用的基本要求。

商标审查：商标局决定商标申请是否可以注册的过程。

例外：版权法的一项条款，允许特定用户群在未经创作者同意或未支付版权使用费的情况下使用作品，这种情况本来通常构成对版权的侵犯。从例外中获益的用户群体的例子包括教育机构、图书馆、博物馆、档案馆和有知觉缺陷的人。

公平交易：将作品用于私人学习、研究、批评、评论或新闻报道，不构成侵犯版权。

先申请原则：专利制度中的一项原则，即第一个提交特定发明专利申请的发明人有权获得该专利。在印度和大多数其他国家，第一个申请专利的人优先于其他申请相同发明权利的人。

固定：当一件作品被设置在一个有形的表达媒介，在作者的授权下，当作品在副本或录音记录中的体现具有足够的永久性或稳定性，允许其在一段时间内被感知、复制或以其他方式进行交流时，就会发生这种情况。如果正在与其传输的同时进行的固定，则目的旨在固定正在传输的由声音、图像或两者组成的作品。

通用顶级域名（gTLD）：顶级域名（TLDs）指由互联网数字分配机构（IANA）维护，以供互联网域名系统使用的顶级域名类别之一。互联网用户可以看到它作为域名末尾的后缀。例如，lawwire 的域名是 www. lawwireonline. com，gTLD 是 . com。

争议解决条款（. INDRP）：INDRP 是由印度国家互联网交换局（NiXI）制定的，并制定相关条款来解决注册方和投诉人之间关于使用互联网域名的争议。

联合申请：是指两人或两人以上联合提出对该发明的一种申请。

共同发明人（Joint Inventor）：同 Co - inventor，共同发明人是指由两个或者两个以上的人共同完成的发明创造。

合作作品：是指两人或两人以上共同创作完成的作品。

许可：指允许某人为特定目的或在特定条件下使用某作品的法律协议，许可并不构成版权所有权的变更。

发明许可：允许企业或个人制造和销售一项发明，通常以获得许可费作为交换条件。

被许可方：如果一个实体由所有者授权或由所有者授权使用该商标，并且所有者对使用该商标的商品或服务的性质或质量有直接或间接的控制权，则该被许可人使用该商标。或者包括商标在内的商品名称被认为具有并且始终具有与所有者使用相同的效果。

文学作品：指由小说、诗歌、无音乐的歌词、报告、表格等文本构成的作品，以及这些作品的翻译，还包括计算机程序等。

徽标：公司名称或商标的图形表示或符号，通常是为方便识别而设计的。该术语在商标法中没有法律意义。

著作人身权（精神权利）：作者对作品的完整性保留权利，即使在版权出售或转让后也有权被指定为作者。在 1987 年的 *Mannu Bhandari v. Kala Vikas Pictures Ltd.* 案中，法庭支持了这一观点。

声明：附在包含或复制知识产权的实物上的正式标志或通知。

新颖性：要获得专利，一项发明必须是新颖的，这是一项发明获得专利权必须满足的三个条件之一。如果要求保护的发明的每个特征均未在单个现有技术中公开，则存在新颖性。

显而易见性：一种不可专利性的状况，在这种情况下，一项发明因为具备该技术的普通技能的人可以很容易地从公开可获得的信息（现有技术）中推断出它，因而无法获得有效的专利。

专利局：印度的专利授权机构和专利信息的传播者。

专利未决：有时贴在新产品上的标签，告知他人发明人已经申请了专利，可能即将获得免受侵权（包括追溯权）的法律保护。

专利丛林：一个密集的知识产权网络，企业必须破解它以便真正实现新技术的商业化。

专利权：是发明创造人或其权利受让人对特定的发明创造在一定期限内依法享有的独占实施权。

盗版：以商业规模复制受版权保护的作品或商标产品的行为。

原产地：标明产品或服务来源的文字或描述，因此不得注册为商标。

剽窃：使用他人的作品（或作品的一部分）并声称是自己的。

植物品种权：植物品种权是通过赋予新品种或其繁殖材料的独家商业使用权来保护植物新品种的权利。

初步检索：在提出商标注册申请前应搜索商标局记录的内容。搜索可能会发现冲突的商标，并表明申请流程将是徒劳的。

现有技术：在指定日期之前以任何形式向公众披露的有关发明的所有信息。

优先权日：优先权日是知识产权法中的一个概念，即采取特定行动的第一个人有权享有一项排除可能在该日以后做出相同创新的其他人的权利。例如，在大多数国家，如果两个人独立申请同一发明的专利，则较早的申请具有优先权，因此将第二申请排除在外。此外，在优先权日之前进行的公开披露与确定发明是否是专利和新颖独特设计的新发明有关。

私人复制：将预先录制好的音乐作品、表演者表演和录音复制到空白的媒体中，如磁带等，供个人使用。

临时申请：临时申请是专利诉讼中的临时文件。它不构成授予专利的基础，而是在授权所依据的完整申请之前的文件。临时申请确定了披露发明细节的优先权日期，并且在专利权利要求在完整申请中作出最终形式之前允许最长12个月的时间用于发明和改进该发明。

发行：指通过出售或其他所有权转让、出租、租赁或出借等方式向公众分发作品的复制品或录音制品。为进一步分发、公开演出或公开展示而向一群人分发复制品或录音制品的行为构成发行。公开演出或展示作品本身并不构成发行。

惩罚性赔偿：这些损害旨在改革或阻止被告和其他人从事类似于构成诉讼基础的行为。简单来说，这些是超过简单赔偿的损害赔偿，并为了惩罚被告而判付。

检索：通过搜索知识产权记录来验证一项专利、商标或外观设计是否已被申请或注册的行为。

服务商标：服务商标是一些国家用来标识服务而不是产品的商标。

录音：指由固定一系列音乐、口头或其他声音而产生的作品，但不包括伴随电影或其他视听作品的声音，无论记录它们的物质对象的性质如何，如磁盘、磁带或其他唱片。

商号：指一个人用来识别其业务或职业的任何名称。

统一域名争议解决政策（ICANN）：ICANN 要求 . biz、. com、. info、. name、. net 和 . org TLD 中的所有注册商都遵循统一域名争议解决政策（UDRP）。根据 UDRP，许多基于商标的域名争议必须在注册商取消、暂停或转让域名之前通过协议、法院诉讼或仲裁解决。涉嫌源自网络抢注或其他恶意注册行为的所有权纠纷可通过由商标持有人通过经批准的争议解决服务提供商（DRSP）发起的快速行政诉讼来解决。要根据 UDRP 提起诉讼，商标所有人必须向具有适当管辖权的法院提起针对域名持有人的诉讼或向经批准的 DRSP 提交投诉。

发明专利：任何人发明或发现任何新的和有用的方法、机器、制品或物质的组成或任何新的有用的改进都将授予发明专利。

世界知识产权组织（WIPO）：世界知识产权组织（WIPO）是联合国专门机构之一，成立于 1967 年，旨在鼓励创造性活动，在全世界促进知识产权保护。

文字商标：指由文字组成的商标形式。

原书索引

说明：索引格式为原版词汇＋中文译文＋原版页码。

图表索引

致　谢

　　本书的创作过程历时 5 年。书籍的编撰过程通常离不开协作与配合，本书也不例外。非常感谢那些在我们撰写本书的过程中分享他们想法和见解的人。在从事法律和运营知识业务的同时，从管理和业务角度撰写一本关于知识产权的书需要许多人的耐心和支持。

　　如果没有 Devna Arora、Akshat Razdan、Roshan John 和 Kshitij Parashar 的帮助和支持，我们不可能完成这项关于印度新话题的写作任务。换句话说，让这些年轻而聪明的人为本书带来优秀的研究资料真是值得称道，我们衷心感谢他们。非常感谢 Rinku Kumar 先生和 Neeraj Bhalla 先生为本书提供的数据。

　　我们要特别感谢我们的委托编辑 Sachin Sharma 和 SAGE 出版社的副主编 Isha Sachdeva，他们热情、富有见地为本书的出版付出了坚持不懈的努力。

　　最后，要感谢我们的家人，他们在这一过程中表现了极大的耐心和支持，有这样的家庭在背后支持我们，我们感到无比幸运。